質的社会研究シリーズ 6

■シリーズ編集
江原 由美子
木下 康仁
山崎 敬一

軽度障害の社会学

秋風千惠＝著

「異化＆統合」をめざして

ハーベスト社

質的社会研究シリーズの刊行に寄せて

　現在、質的研究は、社会学、心理学、教育学、人類学といった社会科学の領域だけでなく、認知科学や情報工学やロボティックスといった自然科学や工学の領域にも広がっている。また特に、福祉、看護、医療といった実践的な領域では、質的研究のブームともいえるような現象が生まれている。

　このような、「質的研究の新時代」といわれる、質的研究の様々な領域における同時発生的な興隆は、いったいどうして生じたのであろうか。その一つの理由は、質的な研究に関して、様々な領域において共通する新たな固有の研究課題や方法的な課題が生じたからである。従来、質的な研究は、量的な研究との対比において、その意味を保ってきた。例えば、従来の社会学的調査法においては、質的研究は、データを多く集め統計的な手法で分析する「量的研究」に対する「個別事例的な研究」として位置づけられた。そして、それによって、質的研究は、「量的研究」や「統計的研究」に対する残余的カテゴリーにおかれた。そこでは、様々な異質な研究が、「量的でないもの」「統計的ではないもの」として集められ、質的という共通のレッテルを貼られることになった。そのような状況では、質的研究に共通する研究課題や方法論的課題を見つけ出す試みには、大きな力が注がれなかった。なぜならそれはすでに、「量的でない」ということでの共通性をもってしまっていたからである。

　しかし、現在の「質的研究」は、大きく変わってきている。それは、「質的研究」に様々な領域で様々な方法でアプローチする研究者たちに、共通した研究の課題や方法論的課題が生まれたからである。様々な分野の研究者たちが、単に個々の現象を見ただけではわからない、定型性や定常性が、現象を集め、それを詳細にみることで発見できることに気づいていった。だが、同時に、様々な分野の研究者たちが、集められた個々の現象が、それぞれのおかれた状況と深く結びついており、それを単に数値的に処理するだけ

ではその現象の性格自体を見失ってしまうということにも気づいていった。研究者たちは、集められた現象のなかに定型性や定常性を発見するという研究課題と、それをどう発見し状況依存性の問題についてどう考えるかという方法論的な課題をもつことになった。これによって、質的研究は、固有の研究課題と方法論的な課題をもつことになったのである。

エスノメソドロジー、会話分析、相互行為分析、言説分析、グラウンデッド・セオリー、構築主義、質的心理学、ナラティヴ・アプローチという、現代の質的研究の方法は、みな質的研究に固有の研究課題と方法論的な課題を共有している。

こうした現在の質的研究は、次の3つの特徴を持っている。第1の特徴は、人々が生きて生活している現場の文脈や状況の重視である。第2の特徴は、ことばと結びついた相互行為の仕組み自体を明らかにしようとする点である。第3の特徴は、それによって、従来の質的研究を担っていた社会科学者と、現代社会におけるコミュニケーションや相互行為の質の問題に関心をもつ医療・ケア・教育の現場の実践的専門家や、インタラクション支援システムを設計する情報工学者との新たな連携が生まれた点である。

このシリーズは、2000年代になってから学問横断的に勃興してきた「質的研究の新時代」に呼応したものである。しかし同時に、この質的社会研究シリーズでは、様々な現場の状況に深く切り込む、モノグラフ的研究も取り上げてゆきたいと思う。そうした個別状況に切り込む研究がなければ、それぞれの現実や状況がどのように互いに対応しているかを見るすべがないからである。それぞれの状況を詳細にかつ深く知ることによってはじめて、それぞれの状況の固有性と、それぞれの状況を越えた定型性を発見することができるのである。

このシリーズでは、具体的な状況に深く切り込みながらも、現代の質的研究の方法論的課題に取り組んだ研究を、特に取り上げてゆきたい。

シリーズ編者を代表して　山崎敬一

質的社会研究シリーズ6

軽度障害の社会学
「異化&統合」をめざして

目次

序章　障害の多元的理解にむけて……………………………… 7
 0-1　問題提起 …………………………………………………… 7
 0-2　研究対象 …………………………………………………… 9
 0-3　「障害見取り図」の提示 …………………………………… 9
 0-4　本書の構成 ………………………………………………… 10

第1章　障害学の歴史と変遷……………………………………… 13
 1-1　はじめに …………………………………………………… 13
 1-2　障害学の成り立ち（障害学小史）………………………… 13
 1-3　障害学の理論 ……………………………………………… 17
  1-3-1　障害のふたつのモデル ……………………………… 17
  1-3-2　個人モデル …………………………………………… 17
  1-3-3　社会モデル …………………………………………… 19
 1-4　障害学の争点 ……………………………………………… 20
  1-4-1　インペアメントはどこへ？ ………………………… 20
  1-4-2　「異化＆統合」をめざして（障害と文化）………… 22

第2章　ディスアビリティを可視化する………………………… 29
 2-1　「障害見取り図」の目的 …………………………………… 29
 2-2　理念型としての「障害見取り図」………………………… 29
  2-2-1　「障害見取り図」の概要 ……………………………… 29
  2-2-2　ディスアビリティを構成する要素 ………………… 32

2-3　ディスアビリティの可視化から得られる知見･････････････････ 39
　　2-4　インペアメントのない人々 ･････････････････････････････ 41
　　　　2-4-1　健常者はnobodyか？ ･･･････････････････････････ 41
　　　　2-4-2　インペアメントがゼロにも関わらず、
　　　　　　　 ディスアビリティが高いということ･････････････････ 43
　　2-5　研究枠組み ･･･････････････････････････････････････ 46
　　　　2-5-1　シンボリック相互作用論 ･････････････････････････ 46
　　　　2-5-2　逸脱、障害をめぐるアイデンティティ論 ･･････････････ 48
　　2-6　調査方法と概要 ････････････････････････････････････ 49
　　　　2-6-1　調査方法 ････････････････････････････････････ 49
　　　　2-6-2　調査の概要 ･･････････････････････････････････ 50
　　　　2-6-3　調査対象者の概要 ････････････････････････････ 52

第３章　軽度障害者の意味世界･･････････････････････････････････ 55
　　3-1　軽度障害者の浮上 ･･････････････････････････････････ 55
　　3-2　基底にある社会通念 ････････････････････････････････ 56
　　3-3　孤立するから補償努力を ････････････････････････････ 60
　　3-4　コストを払う ･･････････････････････････････････････ 63
　　3-5　証明がもたらす循環 ････････････････････････････････ 66
　　3-6　メビウスの帯 ･････････････････････････････････････ 69

第４章　障害者手帳をめぐるアイデンティティ・ゲーム ････････････････ 75
　　4-1　身体障害者手帳というアイデンティティカード ･･････････････ 75
　　4-2　障害者手帳の取得と利用可能な制度等について ･･･････････ 75
　　4-3　障害者手帳をめぐるアイデンティティ・ゲーム ･･･････････････ 77

第５章　晴眼者か盲人か･･････････････････････････････････････ 87
　　　　　　「どっちつかず」を生きる
　　5-1　生育家族のなかで ･･････････････････････････････････ 87

4

目　次

　5-2　反主流 ……………………………………………… 90
　5-3　気づき ……………………………………………… 94
　5-4　どっちつかず ……………………………………… 95
　5-5　晴眼者でもなく盲人でもなく ……………………… 100

第6章　ディスアビリティと格闘する ……………………… **105**
　6-1　ディスアビリティは下げられる ………………… 106
　　　6-1-1　物理的なディスアビリティ ……………… 106
　　　6-1-2　情報・文化的ディスアビリティ ………… 108
　　　6-1-3　制度におけるディスアビリティ ………… 109
　6-2　ディスアビリティと格闘する …………………… 112
　　　6-2-1　統合に距離をおく ………………………… 113
　　　6-2-2　統合を渇望する …………………………… 118
　　　6-2-3　統合への新しい可能性 …………………… 126
　6-4　統合への願い ……………………………………… 141

第7章　称揚される物語と「自分らしさ」の陥穽 ………… **145**
　7-1　マスター・ナラティブとモデル・ストーリー … 145
　7-2　どのような場所なのか …………………………… 146
　7-3　称揚される物語 …………………………………… 149
　　　7-3-1　カウンターストーリーの誕生 …………… 149
　　　7-3-2　カウンターストーリーの現状 …………… 153
　7-5　「自分らしさ」の陥穽 ……………………………… 155

終章　無限ループから下りる方法(「異化＆統合」をめざして) ……… **163**
　8-1　不可視化された人々 ……………………………… 163
　8-2　通奏低音 …………………………………………… 168
　8-3　グラデーションのなかで ………………………… 169
　8-4　無限ループから下りる方法(「異化＆統合」をめざして) ……… 171

5

あとがき	175
参考文献	177
索引	186

序章
障害の多元的理解にむけて

0-1　問題提起

　本書は、身体障害者について、彼／彼女らが体験する社会的不利はどのようにして生じ、具体的にどのようなものとして彼／彼女らの生活に現れるのか、また身体障害の状態と社会的な不利は連動するのか否かについて論考する。

　先行する障害者研究は、その障害が可視的である重度障害者に特化して語られてきた感がある。念頭におかれているのは、障害が可視的であり、機能的に「できない」障害者であり、その障害が重いとみなされる人びとについて、「障害者」と一括りに論じられたり、モデルストーリーとして論じられることが多かった。そこでは、身体障害の状態と社会的な不利は連動するという先入観が疑いもなく基底に置かれていたと言える。可視的ではない障害者、自身を重度障害者と認識していない人びと、いわゆる軽度障害者とされている人びとについて言及したものは少ない。また身体状況では障害者の括りには入らないが社会的不利は大きい人々に言及した論考や、まして障害者研究において健常者について語られた論考も非常に少なかった。

　しかし、障害の重度／軽度や当事者の主観の持ち方によって、障害が当事者の意味世界に及ぼす影響は異なるのではないだろうか。自身の障害を軽いと認識している人びとは、重いと認識している人びととは別様の生きづらさを感じているのではないだろうか。全盲などの重い障害と認識されているのに自由に動き回れる人々は、自身のアイデンティティをどこに位置づければよいのだろうか。障害者の括りには入らないが社会的不利は大

きい人々や健常と障害という概念はどう位置づけられるのだろうか。本書はいままで論じられてこなかったこれらの問題に着目して、障害者を一元的に捉えるのではなく、多元的な捉え方、視点を提供する。そして軽度障害者など、これまで語られてこなかった障害者の社会的不利に言及し、障害の重さと社会的な不利は連動しないことを明らかにしたい。

しかしながら、このように考えることは、重度障害者とそれ以外の障害者を社会的に峻別された存在として扱うことを意味しない。両者は同じ根源をもつ問題であり、どちらについても今後とも障害者研究が取り組むべき課題であると考えている。

> もう既に70年代の後半には、「障害の重い軽いという言い方がされるけど、差別に重い軽いがあるわけではない」という発言が障害者自身から出ていました。(三村、2000)

というように、社会から受ける排除の視線、当事者を圧倒する抑圧に重い軽いがあるわけではない。社会が障害者に与える視線は、健常者の身体を最上のものとみなして、障害者を医療・社会福祉の対象として扱い、差異のある者として排除し、「無力化(disabled)」(Barns, Mercer & Shakespeare, 1999＝2004杉野・松波・山下訳)する。障害の重い人々もさほど重くはない人々も、その歴史を共有している。したがって、障害者を無力化する社会の枠組みからの脱却を目指す方向性は、障害の重軽を問わず同じであると考えているからである。

そしてもう一点、重度障害者とそれ以外の障害者を社会的に峻別された存在として扱うことが適切ではない理由として、本書はいずれも健常と最重度の障害の間にある、いわばグラデーションのなかにあるのではないかと考えているからである。主に第2章で述べるが、「障害」による不自由さは固定的なものではなく、可変的なものである。とするならば、障害の重度／軽度は峻別されるものではなく、グラデーションのなかで考えられるべきものであると言えるだろう。

なお、本書での考察は身体障害者に限っており、精神障害や知的障害は含まない。精神障害や知的障害にも重度／軽度の差があり、身体障害のそれと重複するだろうと推察できる。しかし、障害のあり方が違うのであるから、その障害が当事者の主観や生活に及ぼす支障にも違いがあるであろう。軽々に同一視することはできないだろう。本書は身体障害に限っての考察である。したがって、以後特に断らない限り本書では「障害者」という言葉は、身体障害者を指す。

―――――――――――――――――――― 0-2　研究対象

　研究対象は、障害の重／軽に関わらず身体に障害を負っている人々である。ただし、前述したように重度障害者については研究の蓄積がある。そこで、本書では主に自身の障害を重い障害ではなく軽い方に入ると考えている人、及び身体的障害自体は重くとも日常生活に介助がほとんどいらない人を調査の対象として選んだ。彼／彼女らの生活史を聴き取り調査し、これを分析することによってその意味世界を浮き彫りにする。
　分析するにあたっては、シンボリック相互作用論の視点をもった。また、本書は障害学の基幹を成す「障害の社会モデル」にたっている。

―――――――――――――――――――― 0-3　「障害見取り図」の提示

　1960年代後半から70年代にかけて世界的に障害者運動が広がりを見せ、その運動に深くコミットしていた研究者によって障害学という知的実践が体系化された。その障害学の動向、基幹を成す理論である「障害の社会モデル」の解釈の変遷によって、本論が提起する問題が浮上してきたのである。
　その経緯も詳述しているが、提起した問題を解くために、障害という概念を把握するひとつの理念型として第2章に提示するような「障害見取

り図」を作成した。この図上に、健常者も含め「障害」を基底にした人々の位置を確認できる。それによって、障害者の多元的な在り方が見えてくる。障害がグラデーションのなかにあることを明示し、「障害」に起因する社会的な障壁をめぐる人々のさまざまな葛藤を浮き彫りにする。

0-4 本書の構成

　以下に、本書の構成を示す。
　第1章「障害学の歴史と変遷」では、まず本書が提起した問題が浮上した経緯を説明し、問題の所在を明らかにするために、障害学の変遷をみることとする。障害学は比較的新しい知の試みであり、またその議論のなかから研究対象を重度障害者に特化しない土壌が生まれてきている。そこで、障害学の成り立ちを含めてその概要を述べる。
　第2章「ディスアビリティを可視化する」では、「障害見取り図」についてその目的と概要について詳しく述べる。次に、障害に起因する社会的障壁であるディスアビリティを構成する要素について考察し、ディスアビリティの可視化から得られる知見、障害は固定されたものではなく可変的なものであるということ、社会的障壁であるディスアビリティは動くということ、したがって重度障害者は軽度化することを指摘する。その後、障害の身体的状態であるインペアメントがない人々について考察した後、研究枠組みを提示し、生活史調査の概要を示す。
　これに続く4つの章は、これまで障害者研究がほとんど言及してこなかった軽度障害者について、障害の社会モデルに立って論じた。特に、第3章「軽度障害者の意味世界」と、第6章「ディスアビリティと格闘する」では、いままで出会わなかった障害者の生のあり様に出会うことになるだろう。
　第3章「軽度障害者の意味世界」では、健常者の身体を最善のものととらえ、「障害の重さと生きづらさは比例する」という社会通念に疑問を呈し、メビウスの帯のようにねじれながら終わりのない循環を続ける軽度障害者の

意味世界を描く。

　第4章「障害者手帳をめぐるアイデンティティ・ゲーム」では、身体障害者手帳の取得と利用可能な制度等についてについて述べた後、手帳が当事者にもたらすアイデンティティの揺らぎをみていく。

　第5章「晴眼者か盲人か――『どっちつかず』を生きる」では、ひとりの障害女性の生活史を詳しくたどり、軽度障害者の特有のアイデンティティを省察する。

　第6章「ディスアビリティと格闘する」では、これも先行研究のない重度とも軽度ともつかないグラデーションのなかにいる障害者を取り上げ、彼／彼女らがディスアビリティと格闘する様を描きながら、障害者が社会に統合される道を模索する。

　第7章「称揚される物語と『自分らしさ』の陥穽」では、重度障害者を従来の捉え方から離れた独自の視点で論じる。

　そして、終章「無限ループから降りる方法(「異化＆統合」をめざして)」では本書の知見を整理するとともに、今後にむけた障害者問題研究の課題を提示したい。

第1章
障害学の歴史と変遷

1-1 はじめに

　本書は障害学が提示する「障害の社会モデル」の立場にたつ。
　「障害学、ディスアビリティスタディーズとは、障害を分析の切り口として確立する学問、思想、知の運動である。それは従来の医療、社会福祉の視点から障害、障害者をとらえるものではない。個人のインペアメント（損傷）の治療を至上命題とする医療、『障害者すなわち障害者福祉の対象』という枠組みからの脱却を目指す試みである」(長瀬、1999)。日本で初めて「障害学」の文字を冠した著作『障害学への招待』の冒頭で長瀬修は障害学をこのように規定する。では、その試みとはどのような試みであり、どのようにして現われたのだろうか。
　障害学は英米においてそれぞれ障害者運動を通じて発生してきたが、理論的にはイギリスにおいて確立してきたといえる。また、日本に紹介される障害学の業績の多くはイギリス障害学の成果に拠っているという現状もある。
　したがって、以下ではその歴史と変遷を、イギリス障害学を中心にみていく。

1-2 障害学の成り立ち（障害学小史）

　時代や社会、文化によって障害者とされる人びとは異なってくる[1]。

かつて産業化が進む前、伝統社会にあってはインペアメント（損傷）のある人は必ずしも排除されたわけではなかった。現在「障害」とされるインペアメントでもその時代・社会のなかで障害とみなされないこともあった[2]し、労働から締め出されていたわけでもなかった[3]。
　産業化が進むにつれ、身体は労働力として計測されるようになる。そして、労働力として劣るとされ収入を失った人びとは国家による公的扶助の対象となっていく。障害者の多くはその対象となったであろう。イギリスでは1834年新救貧法が施行され、貧困者を救済することとなったが、実態は救済にはほど遠く、劣等処遇を原則とし、貧困者を施設に「収容」した[4]。院外救済は禁止されたというから事実上の隔離である。産業化に歩をあわせるように科学も進歩してきていた。そして、科学に依拠した医療専門家が現われ、疾病や身体の欠損は専門家の管理のもとにおかれていくこととなる。専門家は疾病や欠損を認定し、分類し、病者や障害者が社会に適合できるよう治癒に努め、訓練を施すようになっていく。専門家による管理はますます障害者を収容する方向に流れていった。さらに、社会ダーウィニズムなどの思想も現われて、社会に適合できる「正常」な人間が望まれ、優生思想[5]に結びついていく。病者や障害者は社会に適合できるようリハビリに励むことが期待されていった。こうして障害者は国家によって隔離され、医療・保護の対象とみなされ、"個人的悲劇"の具現者となった。現在でも障害者は"個人的悲劇"に見舞われた人であり、介護や配慮を必要とし、他者に依存する者と考えられており、専門家がこれを支援するという考え方が色濃く残っているといえるだろう。こういった考え方が後述する「障害の個人モデル」と呼ばれるものの基礎である。この流れの原点は近代産業化であり、労働の対価である財は労働した個人に権利があるという思想である。では収入がない、食べられない人達をどうするかという問題がでてくる。国家が税金で面倒をみるのならば、お荷物である人々を減らすべきだ、分配は最小限にとどめるべきだという主張がなされ、労働の対価を得られない人々は失業者と病弱者に分類された。失業者には怠惰のレッテルが貼られて強制労働に駆り立てられていき、病弱者は医療

第1章　障害学の歴史と変遷

の対象となった。分配の問題は現在の福祉国家[6]の問題にも通じる。障害者は歴史的に福祉の問題として扱われてきたのである。

　しかし、障害・障害者への解釈・理解はここ数十年で明らかに変容してきた。

　「1960年代の間、障害者に対する一般的な認識は、想像的な関心、変に感傷的なもの、無関心、敵意といったものであった。インペアメントがあることは"個人的悲劇"としてみなされており、それは障害者サービスの実践家も、行政関係者も、一般世論も同様だった。障害者は"個人的悲劇"理論によって、社会的排除や社会的不利益を甘受し、家族や友人の援助を受け、現金やサービスによる公的福祉の"セーフティ・ネット"に依存しなければならない受動的な"犠牲者"としての人生を押しつけられ」てきた。「しかし、1970年代初期には非常に異なったイメージが登場した。障害者が感じる社会的不利についてのつらさや重圧感が、政治的運動や社会的抗議となってあふれ出たのである。インペアメントのある人々は、教育、雇用、住宅や移動から、セクシュアリティやリプロダクションに至るまでの、一連のディスエイブリングな（障害者を無力化するような）態度や障壁に自分たちは服従させられているのだということを主張した。運動は世界中で"始まった"」(Barns, Mercer, & Shakespeare, 1999=2004: 25-26)。

　1960年代はコンフリクトの時代である。それに先立つ1953年アメリカで黒人のバスボイコットに端を発した公民権運動をはじめ、それまで主流社会から疎外されていた人種や女性、学生らが異議申し立てを行った。障害者も世界中で声をあげはじめた。

　イギリスでは70年代80年代を通じて、当事者組織の「障害の個人モデル」に対する批判が強くなり、「インペアメントのある人々を無力化するのは社会であり、それゆえ何らかの意味のある解決方法は、個人の適応やリハビリテーションというよりは、むしろ社会的な変化へと向けられるべきだということを主張した」（前掲、1999＝2004: 45）。個人の身体を問題にするのではなく、障害者を無力化しているのは社会であり、社会が変化すべきだと主張したのである。これが「社会モデル」の原型であるといえる。こ

ういった主張がやがて研究としての蓄積を得て、学問として成り立っていった。

イギリスでもアメリカでも障害学は障害者運動から出発している。アメリカではカリフォルニア大学バークレイ校の障害学生だったエド・ロバーツが提唱し全国に波及していった自立生活運動[7]がそれである。そして、障害学研究の基礎を築いたのも障害者だった。イギリスのバーンズ、オリバー、フィルケンシュタイン、アメリカの故アーヴィング・ケネス・ゾラ、アドリアン・アッシュといった研究者は自ら障害当事者であり、運動家である。まさに「個人的なことは政治的なこと」なのである。障害学の成り立ちは女性学の成り立ちとよく似ているといえる。事実、障害学は女性学からの影響をうけている。

日本でも70年代に障害者解放運動が活発に展開された。なかでも当時は過激とも見られた運動を展開していた日本脳性麻痺者協会青い芝の会(以後「青い芝」と略す)の精神は、現在も障害当事者、日本の障害学研究者に影響を及ぼしている。青い芝が掲げた5項目の行動綱領にある「われらは愛と正義を否定する」は、障害者に対するパターナリズムへの痛烈な批判としていまも力強く響く。当時から障害学と名乗らないまでも障害を社会との関わりで考えようとする人達はいた[8]。英米のディスアビリティ・スタディーズが障害学として日本に紹介されはじめたのは90年代中頃からである。1999年日本ではじめて障害学を冠した書籍『障害学への招待』がでて、世間の耳目を集めた。現在では日本でも学会が設立されて論者も増え、研究の蓄積もされてきつつある。

以上が、障害学が学問として成り立ってきた流れである。ここで確認しておきたいことは、障害は産業化にともなって顕在化し、救済の対象となり、医療化によって専門家が身体に介入し、「障害者」として福祉の対象となっていったという歴史があるということである。そして、障害当事者の声が救済・保護の視点を拒否し社会秩序の変更を要求してきているという事実である。歴史的な視点と当事者の視点はそのまま次に述べる個人モデルと社会モデルの相違点となっている。

1-3 障害学の理論

ここでは、個人モデルと社会モデル、ふたつのモデルの内容を説明したのち、本書がなぜ社会モデルの立場にたつのか説明する。

1-3-1 障害のふたつのモデル

時代や社会、文化によって障害者とされる人びとは異なってくる。インペアメントをかかえていても、その人の生きる時代、住む場所によって、健常者として社会に同化・統合されたり、障害者として異化・排除の対象となったりする。

それでは「障害」とはなにを指すのだろうか。障害をどうとらえ、どう理論構成していけばよいのだろうか。

障害学で論じられている障害の理論構成としては、大きくわけてふたつある。「障害の個人モデル」と「障害の社会モデル」(以下、個人モデル、社会モデルと略す)である。ここではそのふたつのモデルを対比する。なお、個人モデルとは別に医学モデル、医療モデルという言い方を用いている文献もあるが、内容としては個人モデルとほぼ同義である。したがって、ここでは個人モデルという言葉で統一する。

個人モデルと社会モデルが理論的に最も大きく違う点は、インペアメントとディスアビリティの関係とその定義についてである。

1-3-2 個人モデル

「20世紀初めまでに、医学的知識によって障害の診断や解決策を考えるといった障害の個人的アプローチが確立されてきた。その焦点は、身体的な"異常"、不調または欠陥、"障害"あるいは機能的制約の"原因"を探求すること」(前掲、1999＝2004: 37) であった。

歴史的視点から構成された個人モデルでは、インペアメントもディスアビリティも個人の身体の状態であるとしている。したがって障害は身体の

状態である。そして、インペアメントとディスアビリティを分け、インペアメントをディスアビリティの原因とする。

このとらえ方は世界保健機構 (WHO) が1981年に導入し、2001年まで採用していた国際障害分類 (ICDH[9]) の障害の定義と図式に明らかである。ICDH は障害と社会的不利を以下のように３区分し、定義する。

インペアメント：心理学的、生理学的または解剖学的な構造または機能の何らかの喪失または異常

ディスアビリティ：人間にとって通常と考えられている方法または範囲で活動する能力の（インペアメントの結果起こった）何らかの制約または欠損

ハンディキャップ：インペアメントまたはディスアビリティの結果、個人に生じた不利のことであり、その個人の役割（年齢、性、社会的・文化的要因に拠る）の遂行を制約し、または妨げるもの（前掲、1999: 39-40）

そして、この３者の関係を図式化したものが以下である。

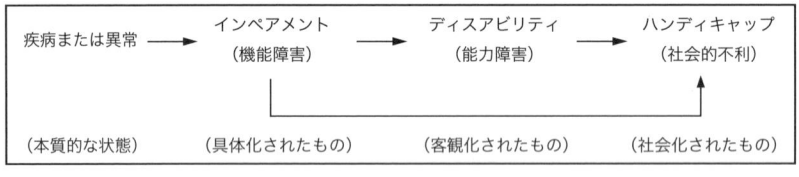

（前掲、1999 = 2004: 40）

つまりインペアメント（＝適切に機能しない身体）がディスアビリティ（日常生活の基本的動作ができないこと）を引き起こし、ハンディキャップ（社会的不利）を負うのだという理解である。

インペアメント、ディスアビリティ、ハンディキャップは密接に関係しあっており、社会的不利の原因は障害を負った身体である。つまり、インペアメントのある人が社会的不利をこうむることは「自己責任」であるという理解であり、個人が置かれる社会環境因子は考慮に入れていない。個人モデルは社会の責任を問わない。したがって、インペアメントがある個人は自己責任で環境を整備し社会的不利を克服することが要求される。

この見解をとるならば、障害者への対処は、まず"喪失または異常"（インペアメントの定義）である身体の治癒に向かう。そして、"制約または欠損"（ディスアビリティの定義）のため自身では活動できず依存せざるを得ない者のために介助等のサービスを提供する。それ以上の社会的不利を負う者に対しては自己責任なのだから対処策を検討する必要はない。これを障害者サイドで読み直せば、医学等の専門家による身体への介入を許さなければならず、自身のニーズとは異なっていても受動的にサービスを受けなければならず、結果社会的不利をこうむることになるのである。

個人モデルは、歴史的な個人的悲劇論を基盤とする。長瀬の言う「個人のインペアメント（損傷）の治療を至上命題とする医療、「障害者すなわち障害者福祉の対象」という枠組み」（長瀬、1999）そのものといえよう。

1-3-3　社会モデル

これに対して社会モデルは、インペアメントとディスアビリティを分離する。インペアメントを身体的側面、ディスアビリティを社会的側面として定義しなおしたのである。

社会モデルの基礎を提示したイギリスの「隔離に反対する障害者連盟」UPIS[10]はインペアメントとディスアビリティを以下のように定義する。

インペアメント：手足の一部あるいは全部の欠損、または手足の欠陥や身体の組織または機能の欠陥

ディスアビリティ：現状の社会組織が身体的インペアメントのある人々のことをほとんど考慮しないために、社会活動のメインストリームへの参加から彼らを排除することによって引き起こされる活動の不利益や制約

この定義によれば、障害はディスアビリティだということになる。このように分離して定義した結果、インペアメントとディスアビリティ、両者の間に因果関係はなくなった。そして、この定義からディスアビリティが社会的障壁であり、その障壁がインペアメントのある人を抑圧していることが明らかになった。個人的悲劇論は社会的抑圧の理論に転回したのであ

る。この転回によって社会が障害者を無力化しているメカニズムを解く鍵が与えられたといえよう。

　障害学の理論は上記のようにインペアメントとディスアビリティを分離し、ディスアビリティが引き起こす社会的障壁に注目し、社会の責任を問うという社会モデルをコアとしている。

　個人モデルでは身体は所与のものとして社会との関連が無視されている。持ち主の意思を無視したまま、身体は宝石のように大事に扱われ、矯めつ眇めつ値踏みされ計量されて、分類される。そして、庇護しなければならないものとして真綿にくるまれ、社会の別枠に追いやられる。障害当事者の意思や権利はなんら問われないのである。社会モデルをとって初めて、障害者はその存在を社会に関連づけることができる。自身の意思を主張し、権利をもてる。「社会にある存在」として生きることができるのである。

　上記のような観点から、筆者は障害の社会モデルの立場にたつ。本書での考察はこのモデルを基底とする。

1-4　障害学の争点

1-4-1　インペアメントはどこへ？

　社会モデルはインペアメントとディスアビリティを分離することで、明快に社会が障害者に与える障壁の問題をうちだした。このモデルは前述したように運動のなかから生まれた。したがって、政治的な意味も持ち合わせていた。雇用機会の不平等や移動の制約など、社会制度にかかわる問題に対処していくには明快な理論である。しかし、障害者としてのリアリティであるインペアメントに起因する経験、ネガティブなものも含めて感情などは覆い隠されてしまうことになる。

　90年代になって、フェミニスト女性障害者の論者であるジェニー・モ

第 1 章　障害学の歴史と変遷

リス、リズ・クロウ[11]らから社会モデルはジェンダー、エスニシティ、セクシュアリティ、インペアメントなどを軽視しすぎているという批判があがった[12]。「個人的なことは政治的なことである」はここでは別の様相をみせる。彼女らは、社会モデルは身体的または知的な制約についての個人的経験までその対象に含めるべきだと主張する。モリスは「社会モデルがディスアビリティの社会性を強調するあまり、身体への中立的もしくは肯定的な態度を表示し続けることを障害者に要求し、インペアメントとその体験を抑圧することを批判する」(石川、2002: 26)。「インペアメントや病気や苦痛や容姿など、障害者の身体次元に属する否定的側面そのものを語ろうとしない『社会モデル』では、『インペアメントに対する否定的感情』をもっている障害者にまでその声は届かない。あるいはDPI[13]運動をはじめとした障害者運動そのものが、そうした『否定的感情』を浄化するような代償行為になる可能性もある。そうした場合は、障害者の政治的連帯に基づく集合的アイデンティティは確立できたとしても、肯定的な個人的アイデンティティは確立できない」(杉野、2002: 259-260)と批判したのである。

しかし、モリスらは社会モデルを根底から否定しているのではない。社会モデルがカバーできる範囲を拡大する必要性を説いている、「インペアメントとその体験を(中略)社会モデルの外部にくくりだすのではなく、インペアメントの社会的構築という視点を入れて社会モデルを改訂していけないかという問題提起を行っている」(石川、2002: 28)と見るべきであろう。

社会モデルは運動のなかから生まれたのであり、政治的な意味を考慮すればインペアメントとディスアビリティの分離を曖昧にすることは致命傷になりかねない。一方でインペアメントによって引き起こされる個人的経験は障害者にとってリアリティのあることであり、個人としての肯定的アイデンティティの確立は放置できない命題である。そして、障害がジェンダー、エスニシティ、セクシュアリティ等と絡めて語られる必要があることは言うまでもない。

以上のように社会モデルは「障害」への視点を画期的に変えた。社会モデルに依拠したさまざまな研究は、いまだ個人モデルで障害者を見る社会

の現状を鋭く批判しており、肯うべきものが多い。しかし、モリスらの批判にもあるように、運動のなかで隠れてきた問題、インペアメント自体によってゆるがされるアイデンティティの問題や、人種・ジェンダーといった問題に対しては敏感ではなかった。実際には多くいるだろうと想像されるものの、インペアメントにおいて可視的ではない障害者や、自身を重度障害者と認識していない障害者についても同じであったといえよう。念頭におかれていたのは、障害が可視的であり、機能的に「できない」障害者であって、可視的ではない障害者、自身を重度障害者と認識していない、いわゆる軽度障害者について言及したものはほとんどない。その結果、障害が可視的ではなく、自身を重度障害者にアイデンティファイしていない障害者は見えない存在となってしまっていた。インペアメントを再度研究の俎上に乗せようという現在の動向があって初めて、軽度障害者の問題は浮上できるのである。本書では、この問題に多くの紙数を割こうと思う。

1-4-2 「異化＆統合」をめざして（障害と文化）

　上記のような論争から、インペアメントを医学的関心事とは見ないで障害者としてのアイデンティティや価値を見直そうという動きがでてきた。文化的表象を用いたポストモダニズムによる障害研究なども現われ、障害の文化ということが言われるようになってきたのである。

　その先駆けとなったのが、ろう文化運動である。欧米ではすでに80年代から高まりをみせていたという。「88年のギャローデット大学革命（聴者の学長選出に対して、ろう者の学生が抗議活動を起こした結果、初めて非聴者が学長になった）以来、ろう者社会の意識は明らかに高揚しつつある」（長瀬、1994）。日本でも90年代ろう文化運動は高まりをみせた。

　1995年3月号の『現代思想』に掲載された「ろう文化宣言」は、さまざまな分野の研究者やジャーナリズムの注目をひきつけて論争の的となった。「ろう者とは、日本手話という日本語とは異なる言語を話す、言語的少数者である」（木村・市田、1995）耳が聞こえないということは障害ではなく、言語的少数者であると宣言したのである。それに対して中途失聴者や

難聴者を排他している、差別しているという批判や、障害者ではないという宣言に障害者を否定的にとらえる側面があるという批判があった[14]。この宣言がジャーナリズムやそれまで障害にとくに関心をもたなかった一般の耳目をもひいたのは、「ろう」という障害名と「文化」という言葉が結び付けられていたことではなかっただろうか。宣言を書いたひとりである木村晴美自身が「『障害文化』という言葉、正直にいうと私には何かしっくりきません。はたして障害文化にろう文化が含まれるのか…疑問に感じます」（木村、2000: 131）と言うように「ろう文化宣言」は障害に距離をおいている。しかし、宣言をしたろう者コミュニティの意図とは別に、「ろう文化宣言」は日本における障害と文化という側面に先鞭をつけたかっこうとなった。「ろう文化宣言」の4年後に出版された『障害学への招待』では、障害を文化の文脈で語る差異派・文化派が注目されることとなった。「障害と文化」はというテーマは目新しくおもしろそうであるし、かつ障害という重いテーマに距離をおける。健常者にとっては、安全な立場で見ていることができるテーマだったのだろう。しかし、それはそのときはおもしろがって薀蓄をかたむけるが、飽きればどんなに重要な示唆を含んでいようとも、後に簡単に忘れ去ってしまう、消費してしまう情報社会の怖さをもあわせもっている。単なる消費に終わってしまいそうな反応を危惧して、倉本は以下のように述べる。

　『障害学への招待』をめぐって、批判的な反応をも含めて、注目がもっぱら、「差異派」的な主張や「文化」をめぐる議論に集中したこともそのひとつである。確かに、学問という場において、こうした角度から障害が語られることはこれまであまりなかったし、その新しさに注目が集まるのはむりからぬことかもしれない。(中略) ここで述べておきたいのはただひとつ、そうしたかたちでの注目の集中が、結果として障害学がもつ広がりと多様性を見えなくさせてしまうのではないかという点である。いわば「差異派」「文化派」の急先鋒のひとりである私がこのようなことを書くことを、いぶかしく思われる読者もおられるかと思う。けれど、私たちが対峙しなけれ

ばならないのは、社会のあらゆる領域にくまなく根をはった健常者中心主義なのであり、これはひとり「差異派」「文化派」の手に負える代物ではない。対象や情況に応じて、多様な戦術・戦略が柔軟に組織される必要がある。そのためにも、障害学が狭い特定のイメージでのみ語られ、その裾野をやせ衰えさせるといった事態だけは回避したいのだ。(倉本、2000: あとがき)

文化という文脈は内集団である障害当事者をエンパワメントする。しかしそこには危険も潜んでいる。
石川は下図のように説明する。

　障害者は同化をめざして努力する。同化には統合で報いるのが本来である。だが、障害を克服するべく精一杯努力し有能であることを証明しても、「同化＆排除」の場所にいることに気づく。社会は克服を要求するが、統合によってそれに報いることはしない。はじめからそのような意思を持たない。とりわけ障害の克服はどこまで達成しても不十分なものだと言いうるのだから、統合しない本当の理由＝ディスエイブリズムは隠蔽され続ける(石川、2002: 35)。

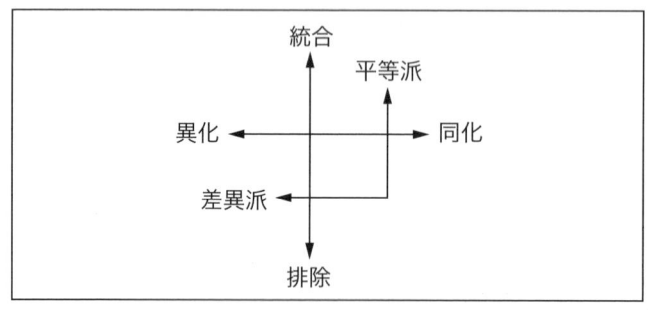

(石川、2000: 34)

では障害者はどういう行動にでるのか。道はふたつだと石川は言う。「社会の約束違反を指摘し、約束を果たすように社会に要求する方法が第一で

ある。社会の不平等や差別や障壁の除去を要求する社会運動であり、あくまで統合への到達をめざす選択」(石川、2002: 37)であり、これを平等派と呼ぶ。平等派の動きは一見それまでの克服努力と同じように見える。しかし、ここには「大きな変化が生じている。私にできることは同化する／しないのいずれでしかないという観念が脱却されているということ、私は社会の一員として社会のあり方を決める資格があるのだから、積極的に私の考えと希望を述べてよいのだとする変化である。もうひとつはいままでのような克服努力は続けないという選択である。それには、自分にとって意味のない克服努力はもうしないというものから、異化の方向に向かって積極的に『再出発』あるいは『引き返す』というものまでの広がり」があり、「その最も積極的なものは、自分たちという存在を肯定する(あるいは否定しない)「障害の文化」の構築であり、あるいは再評価であり、差異派」(前掲、2002: 37)と呼ばれる。「実際の運動においては社会的障壁除去をめざす取り組みが断然優勢である。一方思想においては差異派的な言説が注目される」(前掲、2002: 38)。社会が同化主義的であれば、障害者は「異化＆排除」か「同化＆統合」におかれる。社会が差別的であれば、「異化＆排除」か「同化＆排除」のいずれかにおかれる。しかし、自分の意思で積極的に異化の方向に向かったとしても、「統合要求をせずに自文化の構築・再評価をめざしたのでは、同化と異化とにかかわらず社会は障害者を排除するつもりであることは再び隠されてしまう」のである。「社会が押し付ける図式に従ってどちらかを選ぶのではない道、『異化＆排除』にあまんじずに、戦略的な拠点として『同化＆排除』にひとまずとどまって『異化＆統合』をめざし続ける道、どちらかに生き方を純化しないという戦略が有効なのだ」(石川、前掲: 38-39)。

　筆者は、石川の戦略に深く共感する。この社会は障害者を「異化＆排除」の位置に置かない、あるいは置きつつそれをあからさまにしない分別をわきまえている。しかし、「同化＆統合」にも置かないのである。タテマエとホンネの使い分けは巧妙である。そしてなによりも、健常者の立場が問われていない。

障害者は、障害者というアイデンティティとか立場を引き受けるにせよ拒絶するにせよ、つねに「障害者」として振る舞わなければなりません、障害者というアイデンティティや立場から自由になろうとしてもそれもまた一つの「政治的な意味を帯びた」選択とされてしまいます。対照的に健常者は、健常者というアイデンティティはおろか、健常者という立場を自覚する必要さえないのです。どのような立場でも自由に選べるノーバディ (nobody)[15] なのです。
　本来、自己の立場を忘却できる立場にあることの特権性、暴力性を暴き、揺さぶり、そうした非対称性を壊していくのがアイデンティティの政治であるはずです。障害者に感情移入して共感したり、感動したり、激励したり、庇護したり、憐憫したり、知ったかぶりする健常者に、そのような「余計なこと」をする前に、自己のあり方を相対化し反省することを迫るような言説を紡ぎだしていくことが障害学には求められていると思います (石川、2000: 42)。

　ノーバディ (nobody) である健常者に「自己のあり方を相対化し反省することを迫るような言説」は、障害当事者からも健常者からも[16] 紡ぎだしていかなければならないだろう。
　社会を問うことも障害文化を語ることも共に必要である。平坦だとはとても思えないが、どちらも手離さずどちらかに偏向しない、「異化＆統合」の立場を目指し続けることが現在の日本に生きる障害者のとるべき道であろう。

注）
1　アメリカ、マサチューセッツにある島では先天性のろう者が多かったため、結果として聴者も手話ができる人が多くなり、ろう者は障壁なくコミュニティに参加できたという報告がある。(Barns *et al.*, 1999=2004: 31)
2　たとえば簡単な計算ができなくても、知的障害者とはみなされなかったであろう。

26

3 詳細については生瀬克己 (1999) などがある。
4 日本では恤救規則 (1874) がそれにあたる。ただし、日本ではこの時代、施設に収容するという方策はとられていなかった。
5 優生思想の起源は古代ギリシアにまで遡れるという。市野川 (1999) に詳しい。
6 現在の福祉国家論として、アンデルセン2001など。
7 1972年バークレーに"自立生活センター"が設立された。自立生活センターは、障害者が運営し、障害者にサービスを提供する。サービスを利用することにより、重度の障害があっても地域で自して生活することが可能となった。日本でも現在120以上のセンターが地域に設立され、障害者の生活に寄与している。(全国自立生活センター加盟団体一覧より http://www.j-il.jp/kamei/index.html)
8 著作では横塚晃一1975、山下恒男1977、安積純子ら編1990など。
9 すでに廃止されているが、個人モデルの典型なのでここでの説明に採用した。現在WHOはICDHにかわってICFを採用している。運動体からの批判をうけてのことであり、環境因子も考慮に入れられている。しかし、この新しい分類も運動体や研究者からは個人モデルの影響が残っているとの批判がある。(杉野、2007: 50-52)
10 UPISはUnion of the Physically Impaired Against Segregationの略。この分類は1976年に出された。
11 石川は社会モデルのコアを理論構成したフィルケンシュタイン、オリバーらを第一世代と呼び、モリスらを第二世代と呼んでいる (石川2002: 26)。
12 モリスは「社会モデルはインペアメントを軽視しすぎる」(Morris, 1991: 10) と批判した。
13 Disabled People' International (障害者インターナショナル) の略。1981年、国際障害者年に発足した。現在135ヶ国に国内会議がある。
14 山口利勝 (2003: 22) など。
15 健常者ノーバディ論についての批判は、第2章に詳細を示している。
16 第2章に詳述するが、健常者サイドから障害者との関係性を模索するものとして、山下 (2005)、同じく山下 (2008)、前田 (2009) などがある。

第 2 章
ディスアビリティを可視化する

---------- 2-1 「障害見取り図」の目的

　第 1 章に詳述したように、障害はディスアビリティのみによっても、インペアメントのみによっても把握できない。そこで、両方で把握する試みとして、「障害見取り図」を作成しこれを用いることとする。
　この見取り図は、障害という概念を把握するひとつの理念型として提示するものである。この図上に障害の位置を確認することによって、「障害は固定されているものである」という個人モデルに基づいた社会通念を覆し、障害は状況によってその不自由さが変化するという可動性を有しており、したがって極めて社会的な産物であることを証明する。

---------- 2-2　理念型としての「障害見取り図」

2-2-1　「障害見取り図」の概要
　図は本項の末尾 (p.31) に掲載しているので、参照されたい。
　ここでは、横軸にインペアメントをとりその左端を 0 とし右端を 100 とする。この左端と L 字型に垂直に交わるように縦軸を引きこれをディスアビリティとする。縦軸の上端を 100 とし下端を 0 とする。横軸のインペアメントと縦軸のディスアビリティ双方が垂直に交わる位置（左端下、ア）、すなわち両方とも 0 の位置にいるのが健常者である。これと対角線上にある位置、すなわちインペアメントもディスアビリティ双方とも 100 に近い

位置（右端上、ウ）にいるのが重度障害者である。

　実線矢印で示したのは、社会モデルの考え方である。図には二本の線が入れてあるだけだが、それは例を示すに留めたのであって、ディスアビリティの減少を目指すのが社会モデルであることを示している。点線で示したのは、重度障害者（ウ）の位置から健常者（ア）の位置に自己責任で下りるとする個人モデルの考え方である。

　横軸にとったインペアメントは障害の重さを示している。第1章に述べたとおり、インペアメントを再度研究の俎上に乗せることによって軽度障害者を論ずる契機が訪れたのであり、インペアメントを社会モデルに組み込み、理論の方向性を変えていくことが不可欠であると筆者も考えている。社会モデルにインペアメントを組み込むべきだという主張を展開するリズ・クロウやサリー・フレンチも「社会モデル・アプローチのなかに、いかにしてインペアメントの経験を組み込むかという戦略については何も示していない」(Barns *et al.*, 1999=2004: 15) のであり、また「これら一連の分析は、社会経済的レベルにおいてディスアビリティがもたらす現実をあいまいにするという危険がある」(前掲、1999: 129) といった指摘もあり、どのようにインペアメントを組み込んでいくかという点については議論が定まっていない。以上のような議論展開に鑑み、社会モデルにインペアメントを組み込むことに首肯し、見取図に組み込んだ。このインペアメントと次節に述べるディスアビリティの要素であるエスニシティ、ジェンダー等とが連動して図に示す位置が、すなわち社会モデルにインペアメントの経験を組み込んだ障害者の位置である。ここに計量化する障害の重さは障害者手帳による障害等級、すなわち医師の診断に基づいた測量に拠るものではない。手帳の等級に比して外見上はもっと重そうに見える、あるいはその逆といった見た目の測量、また当事者自身の体感という測量等も含むものとする。縦軸にとったディスアビリティは、UPIS の定義「現状の社会組織が身体的インペアメントのある人々のことをほとんど考慮しないために、社会活動のメインストリームへの参加から彼らを排除することによって引き起こされる活動の不利益や制約」、すなわち社会的障壁である。

第2章　ディスアビリティを可視化する

　いくつか例をあげて説明すると、例えばほとんど聞こえない状態の聴覚障害者が信号もあり横断歩道も整備されているような街を歩くときは、インペアメントは100に近いがディスアビリティは0に近く位置すると言えるだろう。図で言えばaに示した位置であると言えよう。弱視の人について考えてみれば、インペアメントは中ほど、ディスアビリティは場面によって動くとしても、ほぼ中ほど、図で言えばbの位置と言えるだろう。車椅子ユーザーで、交通機関が充実している都市に住んでいる場合は、インペアメントは100に近いがディスアビリティは低く、図で言えばcにあたるだろう。ところが、同じ車椅子ユーザーでも交通機関が充実していない地方に住んでいる場合は、インペアメントは同じ位置でもディスアビリティは高くなる。図dの位置である。全盲で引きこもりがちな人はインペアメントもディスアビリティも100に近いeの位置になるだろう。しかし、前述したcとdの関係と同様、全盲でもひとり歩きのできる人の場合、インペアメントは100に近くてもディスアビリティは低いfの位置をしめるだろう。杖をついて歩く肢体不自由者は、インペアメントは中ほど以下、ディスアビリティも中ほど以下のgくらいの位置になるのではないだろうか。

　障害見取り図では、このようにして人々の位置を見ていく。以上が見取り図の概要である。

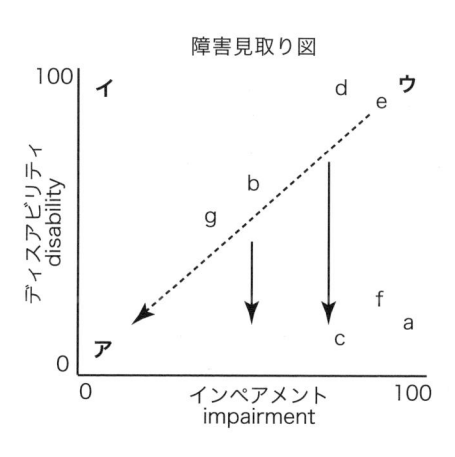

2-2-2　ディスアビリティを構成する要素

　ディスアビリティをより精緻なものとして把握することにより人々の位置をより正確に確認できると考え、ディスアビリティを形成すると考えられるいくつかの構成要素を抽出した。以下、それに沿って考察する。

　まず、挙げるのはバリアフリーの4つの障壁である。1993年（平成5年）に、政府は「障害者対策に関する新長期計画——全員参加の社会づくりをめざして」を策定し、1993〜2002年の10か年計画を示した。その中で障害者を取り巻く4つの障壁を指摘し、その除去とバリアフリー社会の実現を目標として掲げている。障害者を取り巻く4つの障壁とは、「1.歩道の段差、車いす使用者の通行を妨げる障害物乗降口や出入口の段差等の物理的な障壁、2.障害があることを理由に資格・免許等の付与を制限する等の制度的な障壁、3.音声案内、点字、手話通訳、字幕放送、分かりやすい表示の欠如などによる文化・情報面での障壁、4.心ない言葉や視線、障害者を庇護されるべき存在としてとらえる等の意識上の障壁（心の壁）」（以下、物理的障壁、制度的障壁、文化・情報面の障壁、意識上の障壁〔偏見・差別を指す〕と記述する）である。この4点は一般にも社会的バリアーとして理解されているだろう。

　これに加えて本書では、社会学的に逸脱・排除の要因とされる要素、すなわちジェンダー、エスニシティ、教育年数（学歴）、地域間格差も要素として採用する。経済力はディスアビリティの高低を左右する決定的な資源であるが、公的に作用する経済資源としては主に物理的障壁や地域間格差という要素に置換されると考えられ、また私的に作用する経済資源は文化・情報面の障壁の程度や教育程度に影響しそれらの要素に置換されると考えられるため、構成要素として個別に取り上げないことにする。

　以上8つの要素を基にディスアビリティを測定する。これらの要素は単独で作用するというよりも、むしろ重複して作用する場合が多いと想定される。以下、これらの要因を具体的に検討し障害の位置を見ていこう。

第2章　ディスアビリティを可視化する

1．物理的障壁

　物理的障壁は最もバリアーとして認識されているものだろう。エレベーター設置の有無や移動交通手段がどれくらいあるのかを検討することになるのだが、上記に見た例〔cとd〕のようにこれに関しては地域間格差が大きくでると考えられる。

　また、啓蒙啓発活動や教育によって意識改革が進んでいれば、物理的障壁も低くなることは実証済みである。肢体不自由である筆者が8年前大阪に住むことになって一番驚いたことは、JR及び地下鉄の各駅のホームと改札口の間に必ずエレベーターが設置されていることだった。エレベーターが必ず各駅に設置してある都市は、当時全国でもそう多くはなかったのではないだろうか。東京に住んでいた15年ほど前、通勤のために必ず利用しなくてはならない新宿駅の乗り換えは、筆者にとっては苦痛を通り越して苦行に近かった。全国一の乗降客数を誇る都心の駅であるにもかかわらず、改札からホームまでエレベーターもエスカレーターも設置されていなかった。貨物用のそれはあり、乗客から希望があれば利用できるということだったが、その事実を何人の乗客が知っていたことだろう。東京も近年は各駅にエレベーターが設置されているが、大阪には大きく遅れをとった形である。

　大阪で障害者運動に関係している人たちと親しくなり話を聞いてわかったことだが、部落解放運動の影響もあって大阪の障害者運動はかなり強力であったということだった。啓蒙啓発活動が活発であった結果が各駅のエレベーターだったというわけである。意識改革が物理的障壁を下げた一例であろう。

2．制度的障壁

　これは法律、行政といった国家体制、地方自治に関する問題である。制度が整い機能すれば、ディスアビリティは全体的に低下させることができる。2005年成立した障害者自立支援法（以下、自立支援法とする。）は、障害者の生活、特に介助が必須の重度障害者の生活を一変させた。特筆すべ

きは、それまで福祉サービスを利用する際に所得に応じて利用料を負担していた応能負担から、所得とは関係なく一律定率で負担する応益負担（具体的には1割負担）に移行したことにより経済的負担が増大したことであろう。自立支援法には、他にもさまざまな問題点があり、成立当初から当事者からは批判の声があがっていた。2009年秋民主党が政権をとると同時期に、「障がい者制度改革推進会議」が組織され、制度の見直しが行われてきた。この会議には障害当事者も多数含まれている。「わたし達のことをわたし達抜きで決めないで」[2]をスローガンに活動してきた当事者の願望が実現されようとしている。改正された障害者基本法では、障害者の定義を広げ「社会的障壁」により日常生活に相当な制限を受ける状態にある者まで含めるなど、社会モデル的な視点も盛り込まれている。しかし、新しい法制度がこれまでの問題のすべてをカバーするわけではない。ここでは、現段階（2011年）での制度上の障壁を挙げておく。

　まず挙げておかなくてはならないのは、多岐にわたる「障害者欠格条項」である。障害者にはその能力がないとして免許などを与えない法律・政令は、実に300以上にのぼる（臼井、2001: 3）。また免許交付時には欠格の定めがないが、交付後の欠格条項、つまり交付後に障害や病気をもった時資格を取り消すとする法令は「わかっている範囲で142存在」（前掲：17）するのである。これらの多くが仕事をする資格や免許である。その資格免許の交付、仕事内容についてその障害が支障をきたすと考えられない場合でも、欠格事由となる。結果的に障害があることで予め就労から排除されるのである。ここには根強い偏見がある。障害がある者を無能力者ととらえ、主体的な権利をもつ存在とは認めないというものである。障害者の権利を奪い、主要な社会的活動から排除する。その一方で庇護のまなざしを向け、ときどき恩恵を与える存在に置いておくという意志が見え隠れするかのようである。こういった欠格条項については、民間の非営利活動団体である「障害者欠格条項をなくす会」を中心に法律・政令等の欠格条項の見直しを求める動きが地道に続けられている。

　制度障壁に関わるもうひとつの大きな要素が、教育年数（学歴）である。

第2章 ディスアビリティを可視化する

　現在、文部科学省は障害児に対し原則分離の考え方をとり、事実上障害者を特別支援学校に追いやっている。それに対して教育の欠格事項をなくすべく障害当事者、その保護者などから反対の声が高いが、重度の障害をもつ児童は特別支援学校に入学するケースが多い。特別支援学校は高等部までしかなく大学等へ進学するケースは少ない。盲学校は専攻科を置いており、高等部修了後将来の鍼灸マッサージの仕事の準備のために学ぶことができる。盲学校では鍼灸マッサージの仕事に進む者がほとんどである。「2006年度の『特別支援教育資料』によると、盲学校高等部本科卒業者数は299名で、それぞれの進路の割合は、大学等進学者9％、専攻科進学者31％、就職者14.4％、教育訓練機関等入学者2.7％、社会福祉施設・医療機関入所者26.1％、その他16.7％となっている。近年、画面読み上げソフトや音声ブラウザをはじめとする支援技術の進展と普及はめざましい。また、事業所への各種助成や法定雇用率制度の拡充など、就労支援制度の整備・充実も一定程度成されてきた。それでもなお、ここに示されているように、盲学校から一般企業に就職する生徒の割合は専攻科進学者の半分にも満たない」(佐藤、2010: 40) のが現状である。ここでは学校卒業後の将来の選択肢はたいへん少なくなっている。分離教育が結果的に障害者という社会的に不利な場所へと子どもを送り出しているのである。教育の段階から障害者を社会から分離していくあり方は、結果的に健常者／障害者という分断をうみ、障害者を差別的に扱う土壌となっているのではないだろうか。

　名著『ハマータウンの野郎ども』には、イギリスの都市下層労働者階級出身の若者が、社会化の過程で労働者階級を選択していき、自身の位置を獲得していくさまが克明に描かれている (Willis, 1977=1985)。労働者階級の若者が反学校文化を踏襲していくことで階級を選択していき、結果下層階級を再生産していくのである。そこでは教師は無策である。日本においても、教師が在日韓国朝鮮人、被差別部落といった被差別マイノリティへの不平等を再生産していく過程を描いた研究もある (西田、1996: 237-258)。教育の問題は、都市下層、被差別マイノリティのみの問題ではないだろう。ユネスコ主導のもと、1994年スペインのサラマンカにおいてインク

ルーシブ教育について国際会議がもたれ声明がだされた。そこでは、インクルージョン (inclusion) の原則、「万人のための学校」－すべての人を含み、個人主義を尊重し、学習を支援し、個別のニーズに対応する施設に向けた活動の必要性の認識を表明している。世界の動向はインクルージョン (inclusion) の原則を選んでいる。結果として障害者という社会的に不利な人間を再生産している現状から見ても、世界の趨勢に鑑みて、日本でも今後統合の方向で制度の見直し・改革が望まれるところである。

障害がさほど重くない障害者は普通校へ進学することが多いが、普通校へ通う障害者の実態はいまのところ調査されていないのが現状である。後に見る調査結果のように、普通校で支援がなく当事者が戸惑った例もある。対応が待たれるところである。

前述したように特別支援学校高等部から大学へ進学するケースはいまだに少ない[3]。特別支援学校では教科学習の課程が普通校と違い自立活動の時間等があり、進学に必要な学習時間が少なくなっていると聞く。進学がレアケースであるため、進学に関する情報も得られないというのが現状であるようだ。加えて、進学しても大学側の受け入れ体制が整っていない場合も多い。

大学における障害学生受け入れ体制は、近年徐々にではあるが進んできているようである。2002年現在で、「毎年2800人の障害学生が大学を受験し、530人が在籍」(臼井、2002: 106) しており、「全国障害学生支援センターが実施する調査では200校前後が『受験可』を表明」している。文部科学省から出される大学入学選抜実施要項 (通知) の5の2でも、障害による不合格の判定を行うことへの慎重な判断を求めている。しかし「『入学後に○○ができないので、うちの大学では学生生活が送れません』というかたちで、受験を辞退するよう求めることは現実にはあり」、また「『卒業後得られる国家資格に障害者欠格条項があり、資格の取得ができない見込みである』ことを理由に」入学を断わられたが、後に資格取得は可能であることが判明したケースもあるという (前掲: 106-107)。特別支援学校卒業後、進学しないまま年金と生活保護で暮らすという、経済的に下層階層に留まる

危険性が高い将来を回避するためにも、教育の機会を拡大していく必要があるだろう。

　制度的障壁にエスニシティという要因がからんだ問題として、無年金障害者の問題がある。1982年まで国民年金法には国籍条項があり外国人は年金に加入することができなかったため、障害者年金に相当する程度の障害があっても年金を受給できない障害者がいる。そのためインペアメントは同じであっても、日本人の場合と在日外国人とではディスアビリティは大きく違うことになる。エスニシティが作用することによって、ディスアビリティが変動する代表的な例である。在日韓国・朝鮮人によって在日外国人無年金訴訟が行われたが、現在のところすべて敗訴に終わっている。福祉給付金というかたちで金員を支給する地方自治体[4]もあるが、相対的に金額は低いのが現状である。

　制度にからんだ問題として地域間格差も上げられる。厚生労働省の資料にもあるとおり、障害者自立支援法では実施主体を市町村としたために、地方によって受けられるサービスに格差がでてきたという弊害も指摘されている。

　法の整備に過剰な期待を寄せるわけではないが、法律によってシステムが変わる。システムが変わることによって、人々の意識が変わる。「庇護」の意識が時間の経過とシステムがもたらす障害当事者との接触のなかで、障害者を権利の主体としてみるように変わっていくことに期待したい。変化を、多くの障害当事者が望んでいる。

3. 文化・情報面の障壁

　ここに関連する第一のファクターは、教育であろう。前項「2.制度的障壁」で述べたように、障害者を巡る教育環境は決して良好とは言えない。その影響で進学や就労が困難である障害者も多い。それが彼らの生活を圧迫している事実がある。

　それは前提としてあるが、近年急速に普及してきているパーソナルコンピューター（以下パソコンとする）は、多くの障害者にとって福音となっ

ている。テキストファイルを音声で読み上げるパソコンは、時間のかかる点訳を待つまでもなく本が読めるようになり視覚障害者の読書を画期的に変えた。携帯電話の普及によって、路線の乗り換え、目的の場所への案内などが容易になったことも視覚障害者にとっては大きいようである。都会であれば駅で切符を買う際にも、自動販売機には点字表示のないところはない。歩く際も、主要な幹線であれば必ずと言っていいほど点字ブロックが敷いてある。肢体不自由な障害者も、移動せずともパソコンを通じて通信し合えるようになった。SOHO（Small Office / Home Office）という在宅就労も可能になった。実際には原価が低い仕事が多いようであるが、今後伸びていく可能性はあるだろう。講演会場などで手話通訳、パソコンに連結して字幕に文字情報を流す等、聴覚障害者への配慮をするケースもさほど目新しいものではなくなっているようである。

　視覚障害者や聴覚障害者への情報保障という考え方も、浸透してきつつあるのではないだろうか。充分とは言いがたいし、地域によって格差もあるのだが、テクノロジーを使いこなすことができる障害者にとっては、情報へのアクセスによって生活は利便性を増しているようである。

4．意識上の障壁

　この障壁が一番高い障壁であろう。内閣府が2009年に行った「障害を理由とする差別等に関する意識調査」[5]においても「障害を理由とする差別があると思う又は少しはあると思う人の割合は8～9割」もあり、「障害者への配慮工夫を行わないことが差別に当たると思う人の割合は、全体では52.8％で過半数を超えるものの、差別に当たるとは思わない人の割合も35.6％存在している」という結果となっている。このように偏見が強い社会にあっては、さまざまな場面でディスアビリティは高くなると言わざるを得ないだろう。

　本書で検討するディスアビリティを測定する要素である、障害とジェンダー、エスニシティ等に関しての意識調査は見当たらない。平成16年に内閣府が行った「男女共同参画社会に関する世論調査」[6]によると、この社

第 2 章　ディスアビリティを可視化する

会は保守的なジェンダー規範を内包しているようである。インタビュー調査でも、この保守的なジェンダー規範を内面化していると思われる障害当事者もいた。そういった規範がディスアビリティを左右しているのではないかと推測している。エスニシティに関しても、同様に考えられるのではないだろうか。

　障害への偏見はなかなかに根深い。横塚晃一はその著書『母よ！　殺すな』の「差別以前の何かがある」という一文のなかで、「(障害者への視線には)差別意識というようななまやさしいもので片付けられない何か」があると、喝破している(カッコ内筆者、傍点は横塚。横塚、1975→2007: 80)。この偏見が身体に密着したところから発生しているからではないだろうか、めったなことでは突き崩せない、非常に手強いものの存在を感じるのである。

　この障壁に関しては、地域性も関与するかもしれない。年代によっても変動が見られるかもしれない。また、経済も関係してくるかもしれない。景気の悪い時期が続き人々は疲弊している。そのような時期に年金で生活する障害者を「恩恵を受けている」と受け止める向きもあり、そのような内容の発言を聞いたと話してくれた障害当事者もいた。

　しかし、意識上の障壁に関しては、ディスアビリティは遭遇する健常者個々人の偏見の度合いによってその位置を変えるというのが、正しい言い方かもしれない。いずれにしろ、意識上の障壁という問題にかんしては、さらなるデータや研究の蓄積が必要であろう。

2-3　ディスアビリティの可視化から得られる知見

　以上のように整理することにより、いくつかの知見が得られたかと思う。
　第一に、障害は固定されたものではなくて、可変的なものであるということである。ディスアビリティは動く。
　第二に、したがって重度障害は軽度化し得るということである。
　従来の障害理解ではインペアメントは重くなることはあっても軽くなる

ことはないという、いわば医学的解釈によって、軽度障害もいずれは重度障害になるとの理解のうえに成り立っている[7]。障害学における社会モデルもディスアビリティを下げることがすなわち障害の軽度化に繋がるとは必ずしも明確に指摘していない。上記の二点は、ディスアビリティを要素に分解し内容分析し、可視化したことによって得られた重要な知見であるといえるだろう。そして、この知見はまた社会通念に風穴を開けるものでもある。

　健常者の身体を最善のものととらえ、身体を障害の程度によって序列化する、いわば障害のヒエラルキー（筆者の命名による。秋風、2008: 55）とも言うべきものがあるとロバート・F・マーフィーは示唆している。

　　同じ身障者の中でも、ある種の障害をもつ者が他の者より嫌がられるということもある。障害の重度や種類によって評価の決まる一種の階層制がある。その一番下層に属するのが明らかに変形したからだをもつ者だ。車椅子は中間層というところか。評価の基準は、どれだけ標準的な人間のかたちから離れているか、ということだろう (Murphy, 1987=1997: 176-177)。

　しかし、ディスアビリティを下げてやればインペアメントが重度であっても「障害」は軽度化するのだから、障害の程度によって、仕分けするかのような社会通念は現実的ではないということが言えるだろう。また、ユニバーサルデザイン、バリアフリーといった議論を、社会学の視点から裏打ちできる。物理的な障壁にばかり重点を置いてきた議論が、ディスアビリティを社会的相互作用の産物として理解する議論へと飛躍していく契機となるだろう。近年障害者問題を語る場合、ジャーナリズムを中心によく引き合いにだされるのが"心のバリアフリー"という言葉である。なにかメッセージ性を持っているように聞こえるが、内容を伴っていないようだ。そのような空虚なパターナリズムに満ちた言説に"NO"を言える根拠ともなると考えている。「空疎な思いやり」より「具体的な軽度化を」と言えるからである。

第 2 章　ディスアビリティを可視化する

　そして第三に、この図はインペアメントのない人々も反映しており、障害によって人が無力化される社会、いわば Disabling Society を俯瞰できる構図になっていることである。これを理念型としてさまざまな議論の可能性があるのではないかと考えている。

──────────── 2-4　インペアメントのない人々

　以上のようなディスアビリティの理解にたったうえで、この節では障害者というカテゴリーに入らない人々、障害見取り図で言えば「ア」と「イ」に近い位置にいる人々について考察する。この位置にいる人々はディスアビリティがほとんどない、したがって障害問題の枠外であると考えられ、いままではあまり言及されてこなかった。近年、この位置にいる人々について言及する論考も見受けられる。それら論考を踏まえて考察してみたい。

2-4-1　健常者はnobodyか？

　インペアメントも0ならばディスアビリティも0の図で言えば「ア」、この位置にいるのは健常者である。そこに生じている問題を取り上げるときであれ、その生き方を称揚するときであれ、障害者が語られるとき、健常者が議論の対象になることはほとんどなかった。第1章でも述べたが、石川准は語られない対象としての健常者を、その身体を自明とされる存在であるとして「ノーバディ (nobody)」(石川、2000: 42) と呼んだ。
　しかし近年、健常者をノーバディ (nobody) と位置づけてしまうことに疑問を提起する論者がでてきた。長年障害者介助の仕事に携わり、介助者として障害者問題のアリーナを参与観察し続けている前田拓也は、石川に反論して以下のように述べる。

　　「障害者」と日常的に接する介助者には、自らの「健常者」という立場や

アイデンティティを否応なく自覚させられる経験のないものはいないのではないだろうか。なぜなら「健常者」は「介助者」として「障害者」と接することによって自らの「健常者」としての立場の特権性を自覚し、反省せざるをえない状況を経験するからだ (前田、2009: 42)。

　そして、介助者は透明な存在ではないことを指摘して、これまで埋もれがちであった「介助者のリアリティ」(前掲: 42) に迫る試みを展開している。また、日本の障害者運動が最も勢いがあり、過激であった1970年代の運動の歴史を紐解きながら、そこに共鳴して参加し現在まで関わりを持つ健常者たち、あるいは挫折し離散していった人たちへの丁寧なインタビュー調査を基に、「健常者性」を問うた山下幸子の研究 (山下、2008) もある。前田や山下は単に「ノーバディ (nobody)」であるわけではない人たち、もっと言えば「ノーバディ (nobody)」ではいられない人たちの存在を明らかにし、彼／彼女らの「リアリティ」を提示してくれた。
　どちらも大事な視点を提起してくれているのだが、両者に共通するのは介助者という立場である。ここにジレンマを感じるのは、筆者だけではないだろう。障害者を排除するシステムの中にあっては、障害者と積極的に関わりを持つ人々は、親[8]あるいは兄弟姉妹[9]といった親族や医療関係者や特別支援教育などの学校関係者または施設関係者など、限られた人たちのみが思い浮かぶ。近年全国に自立生活センター[10]が数多く立ち上がっており、またNPO法人化した作業所等も増えてきている。たとえ重度の障害があっても、施設や親元といった自由を束縛する場所を出て、自身の介助体制を自身でコーディネートしながら地域に暮らすという「自立生活」の理念は、実現しているかに見える。しかしながら、前述した人々以外で関わりを持とうとし、かつ持っている人はやはりごく少数に過ぎないし、そのほとんどが学生などの (有償にしろ、無償にしろ) 介助者であるのが現実である。自立生活を営む重度障害者に介助の場で出会って、強烈な刺激を受ける健常者も多い。渡辺一史の『こんな夜更けにバナナかよ』(渡辺、2003) などは、鹿野靖明さんというひとりの重度障害者の介助に入った数

十人にも及ぶ人々へのインタビューから鹿野さんに関わることで様々に影響を受ける健常者を描き出していて興味深い。そこにはひとつの小宇宙が形成されている。インパクトの強い出会いと深い関わりは健常者を単なる「ノーバディ (nobody)」にしておかない何かを与えるようである。インペアメントもディスアビリティも対極の位置にある健常者と重度障害者が、互いに異質なものと認め合い、身体を相互作用の場所として出会う。自明な「ノーバディ (nobody)」という認識から脱却するためには、極点を見て受けるほどのインパクトが必要なのかもしれない。介助の必要がない軽度の障害者は、障害者として認識されにくいという事実がここにも見て取れるようである。

2-4-2 インペアメントがゼロにも関わらず、ディスアビリティが高いということ

次に、図の「イ」の位置にいる人々、インペアメントが限りなく0に近いのに、ディスアビリティが高いために健常者に位置しない人々について見ていこう。ここに分類されるのは、例えば顔にあざがある人といったケースだろう。

あざは前述したインペアメントつまり「手足の一部あるいは全部の欠損、または手足の欠陥や身体の組織または機能の欠陥」にはあたらない。インペアメントとディスアビリティの両方を併せ持つ人を障害者と規定するのだから、あざのある人は障害者にはあたらないと筆者は考えている。しかし、社会的障壁であるディスアビリティが高いという意味では障害者と近似の位置にある人々ではないかとも考えているのである[11]。

『顔にあざのある女性たち——「問題経験の語り」の社会学』であざとジェンダーの問題をいち早く論じた西倉実季は、以下のように言う。

> また「障害の重さと生きづらさは比例する」という社会通念のもとで「自身の生きづらさを他者に計測されるかのような戸惑いや反発」(秋風、2008: 56-57)を覚えている軽度障害者は、機能障害を持たないという理由で生き

づらさを過小評価される異形の人々と通じるものがある。しかし、このようなう共通点はあるものの、やはり機能制約による生きづらさと異形によるそれとは区別して考えるべきではないかというのが本書の主張である。…（中略）…ここまでの議論をまとめると異形を〈障害〉に含めて考えることは、異形の人々の問題経験の可視化につながるどころか、むしろさらなる不可視化を帰結する恐れがある。…（中略）…〈何かができない〉という問題と〈容姿のあり方が異なる〉という問題とを区別し、異形の人々は現実に多大な不利益を被っているにもかかわらず、それがまったくといってよいほど認識されていないことの不当性を訴えていく戦略がとられるべきである（西倉、2009: 350-352）。

　西倉が、戦略として異形を〈障害〉に含めないとするのは、それとして尊重したいと思う。「異形を〈障害〉に含めて考えることは、異形の人々の問題経験の可視化につながるどころか、むしろさらなる不可視化を帰結する恐れがある」とすれば、障害と別途に論じられることに異論はない。しかしひとつ確認しておきたいと思う。
　障害学の基幹を成す社会モデルは、インペアメント、西倉の言う〈何かができない〉ことと、ディスアビリティを区別し、基本的にはディスアビリティを問題として提起している。そして、ディスアビリティを問題として提起する障害学が浮き彫りにしようとしているのは「機能制約による生きづらさ」ではなく、「機能制約も含めた障害を社会が配慮しないことからくる生きづらさ」であることを明確にしておく必要があるだろう。その「生きづらさ」のなかには障害者に向けられる視線の問題が大きな位置を占めていることを、筆者は明らかにしてきた（秋風、2006及び2008）。軽度障害者は「がんばればできてしまう」ことがある。しかしそのために異形が露見する場合もある。そこに向けられる視線が覚えさせる感情は、機能しない自身の身体への歯がゆさなどとは比べ物にならない痛みがある。

　ひとりの人が機能制約と異形をあわせ持つ場合も、焦点は圧倒的に前者

第 2 章　ディスアビリティを可視化する

に置かれがちであるという指摘もあるように（倉本、2005）機能制約と異形という問題が並列されると、後者は軽く見積もられてしまうのである（西倉、2009: 349）。

西倉のいう倉本の指摘は「性的弱者論」（倉本、2005: 9-39）を指すのだが、「ひとりの人が機能制約と異形をあわせ持つ場合も、焦点は圧倒的に前者に置かれがちであるという指摘」の根拠は、以下の文章だろう。

　身体の機能や能力上の制約をもつ者とくらべ、それをもたない、けれど外見上の特徴から不利益を被る者の経験については、これまで語られる機会があまりなかった。また、機能的な障害と美醜にかかわるハンディを合わせもつ者の場合も、焦点は圧倒的に前者におかれがちである。そうしたなかで、ジャーナリスティックな視点から見た目の問題を追い続ける石井政之の仕事（石井 [1999]、石井 [2003] 他）には注目したい（倉本、2005: 36）。

これまで公表された言説についてみるならば、身体機能にかかわるものと比べ、異形という課題に焦点をあてたものはまちがいなく少なかった。倉本の指摘はそこにある。語られるべき問題が語られてこなかったからこそ、そこを語ろうとする石井の仕事に注目するというのである。しかし、倉本の指摘は現在までに言及された言説の量の比較であって、問題自体の重さの比較ではない。

　脳性マヒ者としての真の自覚とは、鏡の前に立ち止って（それがどんなに辛くても）自分の姿をはっきりとみつめることであり、次の瞬間再び自分の立場に帰って、社会の偏見・差別と闘うことではないでしょうか（横塚、2007: 87）。

脳性マヒ者である横塚は、自身の身体を意のままに動かすことができない。その身体はたえず予期せぬ運動を繰り返し、ときには"ひょっとこ"[12]

そっくりの顔の表情にならざるを得ないこともある。そんな自身の身体を鏡の前に立ち見つめよと、言うのである。横塚が自らにこの苦行を強いるのは、「（機能障害のために）できない人」としてよりも「異形の人」として差別されてきたからであり、それに立ち向かうためには自身の姿を真っ向から見据えることからしか始まらないことを知っているからである。括弧書きにして（それがどんなに辛くても）の一文を入れた横塚の思いは、異形である己の姿を厭い、恥じいり、ひとり悶々とする。それでも、それを生きなければならない者の苦悩を凝縮しているかに読める。身体に障害のある人々の多くは、横塚の苦悩を理解できるのではないだろうか。

　機能制約という物理的な制約は、道具を使うことで解消される。あるいは他者の手を借りることで解消される。だが、身体障害者の生きづらさはむしろ、例えば他者とは異なった作法で食べることでたちまち異形が露見する、その露見した異形に与えられる視線にある。当事者にとっては機能制約によってもたらされる不自由さよりも、それはずっと辛いスティグマなのである。障害が社会的産物である証左である。障害を考えるとき、機能制約のみならず、それ故に露見する異形は当事者にとって切り離せない問題であることをあらためてここで確認しておきたい。

　西倉は、あざのある人の外見の問題を際立たせ、あざのある人を特有の問題として論ずることの重要性を指摘した。その功績は大きい。しかし、それゆえに障害を機能制約の問題に矮小化するかに見える記述は残念である。

2-5　研究枠組み

2-5-1　シンボリック相互作用論

　シンボリック相互作用論はシカゴ学派のG・H・ミードの理論を継承し発展させ、H・ブルーマーが最初に用いた用語である。シンボリック相互

作用論といっても、ブルーマー学派、アイオワ学派といったように立場の違いがあるが、彼らに一貫しているのは、1950年代アメリカの社会学界を席巻していたパーソンズらの機能構造主義を批判し、これをのりこえようとした点である。

彼らはパーソンズらの機能構造主義を手厳しく批判する。

　シンボリックな行為についての理解が何も存しておらず、シンボルを軽視ないし無視してしまっており、また、人間における「自我」の存在を忘れ、人間の自我を通じて生まれる主体性、つまり自分自身との相互作用における「解釈過程」を契機とする主体性の問題を看過してしまっている。それは、積極的、活動的、主体的人間ではなく、他の事物や人間によって自由に操られる「ロボット」とか「自動人形」のごとき人間を取り扱っている。したがって、その理論には、ダイナミックな社会像ではなく、安定的均衡からなる静的社会のイメージが充満している（船津、1976: 3-4）。

ブルーマーが最初にその用語を用いた頃 (1937年) にはそれほど隆盛ではなかったが、1960〜70年代にかけて、シンボリック相互作用論は再登場をはたし、急速に社会に受け入れられていった。当時はさまざまな局面で社会運動が展開されたコンフリクトの時代である。動的時代にその理論は即していた。

シンボリック相互作用論はブルーマーの言う「根本イメージroot image」(Blumer 1969=1991: 7) に立脚している。人びとの社会生活を一連の相互作用からなる社会過程としてとらえる。その相互作用を単なる物理的な刺激-反応ととらえず、相互作用は事物の意味に基づいて行われると見る。

したがって、シンボリック相互作用論の基幹をなすのは、「意味」と、その意味にもとづいて行われる人間の連携的な行為 (Blumer 1969=1991: 6) の相互作用からなる「社会過程」である。本書が取りあげる軽度障害者の意味世界、また重度／軽度の淡いといういわばグラデーションのなかにいる障害者の意味世界も、行為者の主観から意味と社会過程を見ることによっ

てリアリティをもってくる。

2-5-2 逸脱、障害をめぐるアイデンティティ論

　逸脱をめぐる理論も、シンボリック相互作用論から出発した。障害があるということは、すでにひとつの逸脱である。障害をめぐるアイデンティティ論もここに端を発している。

　「社会集団は、これを犯せば逸脱となるような規則をもうけ、それを特定の人びとに適用し、彼らにアウトサイダーのレッテルを貼ることによって、逸脱を生みだすのである」(Becker 1963=1978: 17)。H・ベッカーのラベリング理論は、逸脱に対するそれまでの社会学的見方を一変させた。逸脱行動を理解するのに逸脱の動機を探し、その原因を逸脱者の家系や性格に求めていたそれまでの見方から脱し、社会はその存立を維持するために侵犯を犯しそうな者を逸脱者と名指すのだと、180度理論を転換させたのである。障害者もまた規格外として社会を侵犯するとみなされている。

　E・ゴッフマンはスティグマ論を展開する。「スティグマとは対他的な社会的アイデンティティと即自的な社会的アイデンティティとの乖離を構成して」おり、人の属性がもたらす「不面目自体をいい表す」(Goffman 1963=2001: 16) 語である。身体障害が不面目を表す属性であることは、いうまでもないだろう。ゴッフマンは印象操作、パッシングといった概念を使って、スティグマが社会的相互作用のなかでどのように現われてくるかを描き出した。また、「ある特定のスティグマをもつ人びとは、その窮状をめぐって類似の学習経験をもち、自己についての考え方の類似した変遷——個人的な調整の類似した方途を選択する原因とも結果ともなる類似の〈精神的経歴〉——をもつ傾向がある」(Goffman 1963=2001: 61) として、ある特定のスティグマをもつ人びとの社会化の過程も検討している。

　本書は、このような先行研究に立脚して考察していく。

2-6　調査方法と概要

2-6-1　調査方法

　理論は具体的な事象を分析するのに方法論をもつ。シンボリック相互作用論は生活史調査をその方法論とする。

　他方、シンボリック相互作用論者は、もうひとつの方法上の具体的な手続きとして、質的研究方法をあげる。それは、実験、大量調査、統計的分析ではなく、経験的世界の直接的観察であり、対象者への親密なインタビューであり、状況への深い参与観察であり、個々の人間に関する詳細なケース・スタディであり、さらに、個人の生活史、手紙、日記、記録などをできる限り利用するという方法である。かれらは、かつて、クーリーやトマスらが用いた方法を、多くの批判にもかかわらず、あえてそれを使用し、その有効性を最大限に引きだそうとするのである。なぜなら、このような手続き、あるいはデータの利用は、研究者が、対象としうる行為者との相互作用によって、データを収集するものであり、また行為者が自らの見地に従って記録したものを用いるものである、という点において、すぐれて「行為者の見地」を生かし、それを十分考慮しうるものとなっているからである (船津、1976: 72)。

　ブルーマーは統計的方法の使用に批判的であった (Blumer 1969=1991) という。ブルーマーのいう統計的方法の難点は一理あるのだが、統計的方法も問題の立て方によっては必要であり、生活史調査との併用により詳細な分析を導いてくれるものでもあろう。
　今回統計的方法を用いなかったのは、本書が立てた問題には適用できないからである。対象となるのは主に社会生活上で自身の障害を軽度障害と感じる当事者、あるいは介助の必要がほとんどない障害当事者であり、考察しようとするのはその意味世界である。この問題については先行研究が

ほとんどなく、当事者が社会生活上のどういった場面において生きづらさを感じるのか、なにがそうさせるのかといった点について調査を始めた段階ではなにもわかっていなかった。量的調査の基盤となる母集団を特定できないのみならず、量に換算できる質問事項も決定できない状態であった。したがって、生活史調査のみを用いた。障害当事者へのインタビューという口述法、それと障害当事者による手記・エッセイなどの記録を併用している。

生活史法については近年多くの書物が出版され、多くの論者がその有用性を説いている。

　ライフ・ヒストリー法などのインテンシブ調査が強みを発揮するのは、調査のこの段階である。H・S・ベッカーがC・R・ショウ『ジャック・ローラー』一九六六年版に寄せた「序文」は、それ自体がライフヒストリー研究の重要文献の一つであるが、そこで彼も同様のことを指摘している。「ライフヒストリーは(中略)仮説を立てることのできる唯一の情報源というわけではないが、現実に即した仮説の基盤となる」(ベッカー「序文」『ジャック・ローラー』九頁)。しかも、研究テーマが未知の分野に属する場合ほど、この手続きが必要かつ不可欠となろう。その意味で、異文化理解は典型的ケースなのである(谷、2008: 29)。

本書の研究テーマは未知の分野であり、軽度障害者また重度／軽度の淡いグラデーションのなかにいる障害者といういわば異文化を分析することにある。生活史法に基づいたデータが多くを語ってくれるだろう。

2-6-2　調査の概要

筆者は2004年11月から2005年11月までの期間に7人の軽度障害者と考えられる当事者にインタビューによる生活史調査を行った。その後、2007年に3名、2009年9月から2010年3月までの間に11人の主に視覚障害者にインタビュー調査を行った。インフォーマントとは、いわゆるくさり式

第2章　ディスアビリティを可視化する

によりパーソナルな機縁をたどって出会った。インタビューの前に何度か電話やメールで連絡をとり、研究の目的を説明し、協力をお願いした。調査に用いた方法は半構造化面接法で、インタビューの所要時間は1回につき1時間半から3時間くらいである。ICレコーダーによる音声記録を採ることを原則としたが、1名Gさんのみは本人の希望で音声記録を採っていない。年齢職業はさまざまであるが、いずれも障害当事者である。介助が必要であるため、本人の希望でEさんのみは複数者が同席してのインタビューとなったが、他の人については筆者と一対一の対面インタビューとなった。インタビューの場所はそれぞれのご自宅あるいは職場に近い静かな場所を事前に選んでもらい、筆者がでかけた。

　準備した調査票は生後からの障害の発生その状態、障害者手帳の有無、家族構成とそのかかわり、障害のために介助が必要か、必要だとすれば誰が担っているのか、学校での体験、地域との関係、就職について、職場での状況、恋愛・結婚等多岐に及ぶ内容を含んでいる。ただし、調査票にない事項で語られたこともあれば、調査票にあげていることでも語られない事項もあった。途中でレコーダーへの記録を拒まれたケースもあり、それらに関しては本人の意志を尊重した。メモをとることについても本人の許可をとった。メモを拒んだ人はいなかった。インタビュー内容の文書化については、すべて匿名で行うことを約束し、プライバシーには極力配慮することを約束した。

　調査後、その日のうちにメモをもとに概要を書き出した。テープ起こしについては、方言や本人の特有な言いまわしも含めて、その表現どおりに記述することを心がけ、(笑)(緊張)あるいは返答までに間があった場合(…)を用いてその長さを示すなど、言葉や記号も使ってその場の雰囲気もわかるようにトランスクリプトを作成した。できあがったトランスクリプトを熟読し、一人ひとりの生活史を図式化した。これにより、年齢も体験も異なる人びと、一見ばらばらであるかのような生活史のなかからいくつか共通項を見出すことができた。

個別のケースを一緒にすることによって、また事実のデータを通時的順序に置き換えることによって、主体が示した記述的で顕在的な手がかりを関係づけることによって、一つのライフコースから他のライフコースへの「繰り返し」を発見することによって、そしてこれらの「繰り返し」を〈概念と仮説においていく〉ことによって個別から一般へ進んでいこうとする。このパースペクティブでは、データの機能は、すでに練り上げられた仮説を検証することではなく、仮説そのものの構築を助けることである（Bertaux, 1997 = 2003: 49）。

　D・ベルトーの言うこの「繰り返し」をたぐって考察していく。
　なお、筆者は自身、軽度障害者であると感じている肢体不自由な障害当事者である。このことが調査対象者に影響を及ぼす可能性はあるであろう。インタビュアーが当事者であるから語れることも、また逆にだからこそ語れないこともあるだろう。筆者としては、語られたことを忠実に再現し、データに基づいて分析していくのみである。

2-6-3　調査対象者の概要

　次ページにインフォーマントのフェイスシートをあげる。いずれも年齢、職業の概要などは調査当時のものである。

注）
1　第7章に詳述するが、ひとり歩きができる盲人は全体の約20％くらいである。
2　Nothing about us, Without us！の日本語訳。この言葉は、80年代から障害当事者団体のスローガンとして使われてきたもので、2004年の国際障害者デーの標語にも選ばれている
3　平成21年度大阪府調査では、特別支援学校高等部から進学した者は全体の2.5％に過ぎない。http://www.pref.osaka.jp/toukei/gakkou_k/gakkou_k-kekka25.html
4　以下によれば、兵庫県では2級に相当する無年金障害者に33,000円を支給しているという。日本人年金加入障害者で2級相当に支給される年金金額は

第 2 章　ディスアビリティを可視化する

	性別	年齢	障害状況	可視的か否か	備考
A	女性	31	ごく軽い弱視	補助具不要	整骨院勤務
B	女性	52	肢体不自由	跛行＊1	自立生活センター
C	女性	26	弱視	補助具不要	自立生活センター
D	女性	55	先天性脳性マヒ	全介助	作業所経営
E	女性	24	内部疾患および、軽度の肢体不自由	一見して障害者とは見えない	学生
F	女性	42	中途障害：リュウマチ	一見して障害者とは見えない	主婦
G	女性	40	内部疾患	一見して障害者とは見えない	教員
H	女性	49	先天性聴覚障害	手話筆談。外見は健常者	研究職
I	女性	25	先天性脳性マヒ	全介助	自立生活センター
J	女性	32	先天性肢体不自由	時々車椅子	自立生活センター
K	男性	47	弱視→全盲	白杖	整骨院経営
L	女性	52	弱視	白杖	ヘルスキーパー＊2
M	女性	51	弱視→全盲	白杖	ヘルスキーパー
N	男性	49	弱視→全盲	白杖	会社員
O	男性	63	弱視→全盲	白杖	地方自治体職員（契約）
P	男性	35	弱視→全盲	白杖	地方自治体職員（契約）
Q	女性	31	弱視→全盲	白杖	保育士
R	男性	38	中途障害：全盲	白杖	カウンセラー
S	女性	45	中途障害：全盲	白杖	ヘルスキーパー
T	女性	30	弱視	補助具不要	会社員
U	女性	35	弱視	白杖	地方公務員

（年齢は、インタビュー当時による）
＊1　びっこをひいていくこと（『大辞林』第二版）
＊2　企業内理療師

　　2011年現在で66,008円であり、無年金障害者の場合正規支給の半額となっている。http://www.geocities.jp/bluej/gaikokujinmunenkin.html#
5　調査結果はここを参照した。http://www8.cao.go.jp/shougai/suishin/tyosa/h21ishiki/pdf/kekka.pdf
6　例えば、家庭における家事分担の項を見ると、「結婚している者，結婚していないがパートナーと暮らしている者（2,677人）に次のそれぞれの家事について主に誰が分担しているか聞いたところ，『妻』と答えた者の割合が，『掃除』で77.6％，『食事の支度』で87.4％，『食後の後片付け，食器洗い』で78.9％となっている」とある。http://www8.cao.go.jp/survey/h16/h16-danjo/index.html
7　軽度障害者研究の数少ない論者である太田啓子は、「『軽度』身体障害者の障

害観が，加齢によって他者との関係性の変化と『重度化』を経験するため、一生を通じて変化し続ける」(太田、2008: 33)と述べる。太田が言う「重度化」とはインペアメントの重度化であり、それによって当事者の障害観が変化するという理解であろう。そこでは「障害」は、医学的解釈によって軽度から重度へと一方向に動くのであり、「重度障害は軽度化し得る」という視点は見受けられない。

8　例えば聴覚障害のある親を持つ子供たちについて、澁谷智子『コーダの世界―手話の文化と声の文化』といった研究がある。

9　兄弟姉妹については『きょうだい―障害のある家族との道のり』など、障害者の立場ではなくその兄弟姉妹の立場に論及する検証もでてきている。

10　自立生活センターは、障害があっても地域で自立した生活を送るという理念のもとに運営されており、したがってサービス事業体であると同時に運動体という形態をとっている。「当事者によるサポート」を掲げ、運営委員の過半数が障害当事者であることと規定されている。現在加盟団体は120に及ぶ（自立生活センターＨＰによる）。

11　インペアメントが100に近く、ディスアビリティがない(0)人々というのは考えられない。そのような存在は社会的存在ではなく、存在したとしてもここで論ずべき対象ではないと考えている。

12　"ひょっとこ"はまさに脳性マヒ者の顔を模したものだといわれている（生瀬、1999）。

第3章
軽度障害者の意味世界

3-1　軽度障害者の浮上

　第1章の1-4-1に詳述したように、70年代誕生した当初の社会モデルは、社会的障壁を強調するあまりインペアメント自体によって揺るがされる障害当事者のアイデンティティの問題や、障害とジェンダー、障害とエスニシティといった問題を看過してきたきらいがあった。インペアメントを社会モデルの研究の俎上にのせようという現在の動向があって初めて、軽度障害者の問題は浮上できるのである。本章ではこの問題を分析の俎上にのせてみる。

　なお、ここでいう重度／軽度は、インペアメント自体の重さの比較を意味しない。また社会政策として行政のとる障害等級[1]とも対応しない。なにが重い障害であり、どこまでが軽い障害であるかの絶対的な線引きはできない。なぜなら、第2章の障害見取り図の説明でも明らかなように、同じひとりの障害者が状況により、あるいは関係性によって重度とされたり軽度とされたりすることがままあるからである。障害の重度／軽度は環境や他者の視線のなかで相対的に決められるものであると考えている。

　軽度障害者についての数少ない研究者の一人である田垣正晋は、その著書の中で、「筆者自身は脱援助[2]の立場を徹底する障害学に親近感をもっている。だが、(中略) 社会福祉等の援助的視点との接点をある程度は論じなければならないと感じている」(田垣、2006: 16)として、軽度障害者への援助を論じている。本章では意味世界を記述することを目的としており、田垣とは目的を異にする。また、田垣は軽度の基準を「行政による程度設定」(前掲: 53)においている。しかし、前述したように、本書は行政の設定を

そのまま採用しない。重度の障害者ではなく、かつ健常者でもない、自身をいわば中途半端な位置にあると感じている人のなかには、障害者手帳の区分に該当しないくらい軽微な障害の人[3]や、顔に痣のある人や吃音の人のように、法は障害者と規定していないが、自身を健常者と感じられない人もいる。また重度障害に該当する手帳を持っている人でも、重度障害者にアイデンティファイしていない人もいる。そういったケースも考慮にいれ、彼らの意味世界にせまっていくには、行政による程度設定では充分ではないと考える。障害の重度／軽度は、置かれた環境や他者との相互作用のなかで相対的に決められるものだからである。

本章では、2004年11月から約1年の間に行った7人の軽度障害当事者へのインタビュー調査によって得られたデータ[4]を中心に分析している。

3-2 基底にある社会通念

健常者の身体を最善のものととらえ、身体を障害の程度によって序列化する、いわば障害のヒエラルキーとも言うべきものがあるとロバート・F・マーフィーは言う。再度引用すると、

> 同じ身障者の中でも、ある種の障害をもつ者が他の者より嫌がられるということもある。障害の重度や種類によって評価の決まる一種の階層制（原文では hierarchy―引用者註）である。その一番下層に属するのが明らかに変形したからだをもつ者だ。車椅子は中間層というところか。評価の基準は、どれだけ標準的な人間のかたちから離れているか、ということだろう。（Murphy, 1987=1997: 176-177）

以後、マーフィーの言う「一種の階層制」を「障害のヒエラルキー」と記述する。これを採用すれば、軽度障害者はヒエラルキーの上層にあるということになる。そして、実際にそのようにとらえられ、たいしたことはな

第3章 軽度障害者の意味世界

いという評価を受けて、軽くあしらわれるようである。例えば以下のような語りがある。

　そうですね、障害っていうのがウソをついているようにみえるんですね。いまは歩けるんですけど、障害者手帳をもらったころ100メートルも歩けなかったですよ。だけど、寝ていれば寝たきりになるから日に2回出かけることにしていたんですよ。でも、遊んでいるようにしかみられない。他の方たちがこういうふうに言われる。足がないわけじゃないじゃない、手がないわけじゃないじゃない。足がない人はかわいそうよ、と言われる。皆さん慰めの気持ちで言われる。悪気はない。そういう人に会うと、会わなきゃよかったと思っちゃう。(Fさん、42歳女性、肢体不自由)

　わたしは〔障害が〕軽いから言葉が受け止められない。重度の寝たきりが言うと、〔同じことを言っても〕言葉に重みがある。(Dさん、55歳女性、脳性麻痺)

　ここにみられるのは、可視的なインペアメントと比較し、軽そうに見える方はそれほどたいへんではない、つまり障害による不利益も相応に小さく、したがって心痛はさほど重くはないだろうとする判断である。「手がないわけじゃないじゃない。足がないわけじゃない」、残存能力が大きいほどよしとする。この判断は「障害の重いほうが、より障害がもたらす不利益は大きく、心痛も重いのであり、したがってその痛みをより理解している。障害が軽くなるほど不利益は小さく、心痛も軽くなるのだ」という社会通念が存在することを示している。この社会通念は障害のヒエラルキーと呼応していると言えよう。

　しかし、当事者の実感は障害のヒエラルキーやそれに呼応する社会通念には合致していないようなのである。「顔の変形がきついと絶望も深い、という幻想」(石井、1999: 262)があると言うのは石井政之である。石井は顔に赤い痣がある。痣は、法律上は障害とされていないが、顔は真っ先に人

57

の目がいく場所であり、隠すことのできないスティグマである。「私は何の障害もない健常者として生きてきたという実感がない。『私は普通ではない』という思いがぬぐいきれないまま生きてきた」(前掲1999: 183)と石井は言う。そして、次のように述べる。

　今この会場に私と藤井さんがいます。藤井さんのほうが物理的に〔顔の〕変形がきつい。私のほうが平らである。だから私のほうが精神的に楽で藤井さんのほうが精神的にしんどいと想像している人もいるかもしれません。心の悩みは顔の変形に比例しません。(前掲1999: 262)

　もうひとつ例をあげよう。秋山なみはろう者である。ろうはインペアメントとしては重度の障害であるのだが、一見して障害者には見えない場合が多い。障害があるのかないのか、その程度は重度か軽度かといった事柄は、他者の視線のなかで相対的にとらえられてしまうものである。不可視である障害は、それが重度の障害であっても往々にして健常者と見られることがあり、障害者と見られても軽度な障害と受けとめられてしまうことがある。

　そして分かったことは、聴覚障害が軽くみられていることと、聴覚障害だけは他の障害とどこか別なんじゃないかということだった。聴覚障害が軽く見られている、というのは「聴覚障害ってまだマシだね」というレベルのもの。私の体験だけでも、高校から受験拒否されてきたんだ。何がマシなんだ、と言いたい。(秋山・亀井、2004: 177)

　これらが意味しているものは、前述した社会通念はその解釈を拡大して、「障害の重さと生きづらさは比例する」という判断をしているということであり、当事者は自身の生きづらさを他者に計測されるかのような戸惑いや反発を覚えるということである。
　障害のヒエラルキーは、脈々として歴史的に構築されてきたと言えよう。

第 3 章　軽度障害者の意味世界

　近代産業社会は人間の身体を「規律・訓練」(Foucault 1975=977) によって標準化し、社会に適合できる「正常」な人間、標準化された身体だけを受け入れるとしてきた。そして、障害者は労働に適さない身体として国家によって隔離され、医療・保護の対象とみなされてきた。隔離や保護が、障害の重そうな身体から対象になっていったであろうことは想像に難くない。障害のヒエラルキーが障害を"個人的悲劇"の具現ととらえており、「個人モデル」に連なることは疑いのないところであろう。

　「正常」な身体の標準から離れれば離れるほど排除に向かうとマーフィーは言う。だが、ここには疑問が残る。近代産業化の初期ならばそうであったかもしれない。しかし、わたし達が暮らす社会はそう単純ではない。この社会は障害者を排除するが、それをあからさまにしない分別もわきまえている。

　重度で可視的な障害者は一方で忌避されながら、一方で理解を示される。障害の重さと生きづらさは比例するという社会通念は、より重度な者により理解を示せと告げる。だからEさんが言うように、「障害者の言葉」として残っていくのは重度障害者の発言である。

　しかし、筆者が彼ら軽度障害者の意味世界にわけいって明らかにしたいことは、障害者が経験する生きづらさにヒエラルキーなどないのではないかということである。そもそも計測不能なものに上下優劣はつけられない[5]のであり、したがって比較すべきものではないだろう。「まだマシだ」という言葉は、その後にだから我慢しろ、だからがんばれと続くことが多い。これらの言葉は、当事者に障害者という劣位におかれたいのか、同情してほしいのかと迫り、その葛藤を封じ込め、彼／彼女らをより深い閉塞感に追いやっている。その結果、軽度障害者は、障害者としてのアイデンティティを奪われるのだが、かといって健常者にアイデンティファイすることもできなくて、中途半端なまま置き去りにされるのである。「障害の重さと生きづらさは比例する」という社会通念が意味する「生きづらさ」とは、身体を自由に操れないもどかしさから生じる閉塞感であろう。しかし、それはアイデンティティを奪われ葛藤を封じ込められる閉塞感とは次元を異

にしているはずである。障害の重さと生きづらさ[6]は比例しないことを、ここでは明らかにしてみたい。

　軽度障害者はどのように感じているのだろうか。重度障害者とは別様の生きづらさがあるとするなら、それはなにであり、なにに起因し、どのように作用しているのか、以下に見ていこう。

3-3　孤立するから補償努力を

　学校で理解されなかったという話は、軽度障害当事者からよくでてくる語りである。普通校に進学した彼／彼女らは、画一化された学校のなかで突出した存在であった。目立つのである。

　　聞こえたんですよ。廊下ですれちがったときに、同じクラスの男の子が「あいつ〔Bさん〕も、あれで頭がよくなかったら、○子と同じだ」と言っているのが。なんで、あの子と一緒にされなくちゃいけないんだ！と思った。（Bさん、52歳女性、肢体不自由）

　○子は同じ学校にいた知的障害のある女の子だった。Bさんは歩くとき跛行[7]する。しかし、知的な障害はない。勉強は好きだったし、できる子だった。後述するように、概して軽度障害者には障害という負の要素を払拭し、自身の価値を補おうと学校での勉強に励む人が多い。努力して価値を補っている、その価値が本物の自分だと考えたい。だが、その価値は一応認められてはいるけれど、負の要素はそれ以上に彼女に密着していて、他者のまなざしはそこを離れない。Cさんは中学校を卒業するとき、「知っている人のいないところに行きたい」と思い、集団就職をして都会にでた。跛行する自分の歩き方は変わらなくても、知らないところに行けば、視線は変わるのではないかと考えた。田舎のような狭い世界ではないところに行けば、状況は変わるのではないかと考えたのだ。

第 3 章　軽度障害者の意味世界

　廊下ですれちがいざまに、いままで所属していた集団に疎外されているのだと知らされる。しかし、集団の価値観や認識・判断はそのまま内面化している。知的障害のある○子とは同じではないという認識は、クラスの男の子が障害者に対してもっている認識と同じである。Cさんの場合、この障害者観が変更されるのは、後に彼女が障害者運動に出会うまで待たなければならなかった。彼／彼女らは人生の初期に出会う所属集団である学校で、集団と距離のある孤立する自分を発見する。

　マーフィーは障害者を境界状態（リミナリティ）の一形態だとする (Murphy 1987=1997: 174)。リミナリティは、通過儀礼の概念に含まれる言葉である。「リミナルとはもともと敷居という意味で、正式に社会システムの中に入れないでいる『宙ぶらりん』の状態」(前掲: 174-175) である。マーフィーは、アメリカにおける身体障害者をリミナリティの一形態としてとらえ、身障者はアメリカ文化の中にあって"どっちつかず"という曖昧な位置をしめていると言う。「病気というのでもなく、健康というのでもない中途半端なあり方をしている。死んでいるわけではないが、かといって十二分に生きているというのでもない」(前掲: 175) と言うのである。

　しかし、マーフィーの分析は、「身障者一般」が社会システムすなわち健常者社会のシステムに入れないで曖昧な位置にいるというにとどまっている。この分析では、健常者社会外である障害者社会には受け入れられているとも考えられる。だが、軽度障害者を考えた場合はどうだろうか。彼／彼女らは健常者社会にも、障害者社会にも帰属できなくて周縁化されているといえるだろう。

　彼／彼女らは普通校に学んだ。学校という制度は、健常者の身体を基準に成立している。学校は人生で最初に出会う「規律・訓練」(Foucault、前掲) の場所である。そこでは、子どもは社会に受け入れられるよう望ましい身体に矯正される。画一化された制度であり、そのなかで、軽度障害者は孤立していく。自身の所属するところが曖昧になり、足場を失って、自身の価値に不安を覚える。だから、価値を補償しようと努めることになる。所属しているはずの集団に受け入れられない場合、アスピレーションは高い

方にも低い方にも流れていく。親あるいは学校の先生から「勉強をがんばりなさい」と言われた人もいた。他者から言われずとも勉強をしたと話してくれた人は多かった。勉強ができる子はイジメられない。一目おかれる。在日韓国・朝鮮人など被差別の位置におかれる人には同じ現象がみられる（西田、2002: 519-520）。身体は取り替えようがない。身体で勝負できないのならば、なんらかの代替物で自己の価値を高めようと努力する。貶められた価値をなにかで補償しようとする。石川のいう補償努力（石川、1996）への道である。なにかで挽回するのならば、学校にいる限り学業に秀でていることは他者から受けるかもしれない負の圧力の抑止となる。また、自身の拠り所になる。

　しかし、こういった補償努力は「彼／彼女は…にしては…だ〔障害者にしてはよくできる、頭がいい〕」（前掲 : 173）という程度の評価しかうまない。Bさんのケースのように、「あれでも頭はいい」という評価である。「あれでも」をより薄めるために、さらにさらに努力を続けるはめになる。終わりの無い自己との競争である。「負のアイデンティティを消し去ることができない以上、人は補償努力を永久に続けなければならない」（前掲 : 173）。補償努力は、軽度障害者特有の問題ではないだろう。障害者でなくとも、アイデンティティになんらかの負の要素をもつ人達に共通してみられる現象である。軽度障害者も補償努力を続けることになる。

　孤立し補償努力を重ねざるをえないという状況は、障害者であれば多かれ少なかれ経験することであるかもしれない[8]。重度障害者の多くは現在のところまだ特別支援学校に進学し、その後施設に暮らしている人も多い[9]。一般社会から隔絶されているという孤立感はあるだろうと想像されるし、また集団生活のなかで孤立する場合も生じるのかもしれない。だが、彼／彼女らは同じ制度下におかれ、同じ抑圧を経験する集団のなかにいて、自身が障害者集団に帰属するということを知っていく。早い時期から障害者にアイデンティファイすることができる[10]。

　一方、軽度障害者は健常者社会にあって圧倒的にマイノリティの立場におかれる。しかし、健常者の価値観や、障害のヒエラルキー、社会通念を

内面化しているので、障害者を個人的悲劇に見舞われた劣位の存在とみなしがちである。だから障害者にアイデンティファイできにくい。かといって、健常者にアイデンティファイすることもできない。なにかが「できない」こともあれば、Ｂさんのように健常者社会から疎外されていると感じさせられる瞬間もある。日常生活でふとしたことから障害者であると感じさせられてとまどい、あるいは凍りついたといった経験はＢさん以外にも何人もの人が語ってくれた。それは、自己のアイデンティティを揺すぶられる経験である。軽度障害者は、所属集団から疎外されるかもしれないという不安をいつももっている。それはつまり常に孤立と隣り合わせの立場にいるということである。だから、自身の自尊感情の損傷を避けるために、ますます価値を補償しようと努めることになる。

3-4　コストを払う

そして、がんばって健常者なみに「なにかができた」としても、そこにかかっているコストは見えなくなっている。

> けっこう、表から見える部分で健常者と同じことをこなすために、見えないところでコストを払っていたりするのですが（これは軽度に限らず、重度の人でも同じだと思います）、よぶんのコストを払ってでも、同じレベルのことが出来てしまうとそれが「なかった」ことのように思われてしまうんですよね。
> できた仕事のレベルが低いというだけが「障害の影響」じゃなくて、陰でコストがよぶんにかかっているとか、とにかく芸域が狭いから受注が少ないとか、その「スウィートスポット」を見つけるのでその試行錯誤のあいだに、多大なエネルギーと年月を空費してしまうとか、そういうのがトータルで「障害の影響」なんだけどな、という感じです。(＝キ・リンコ、1999b)

たまに職場で〔障害者手帳を〕見せることがある。さりげなく机の上に置いておくとかね。毎日のように病院に行くことを同僚は知っている。〔毎日病院に行っても、決して仕事に支障をきたしてはいない。そのぶん〕努力しているんだ。たいへんなんだ。みんなと同じことをするために陰で努力しているんだよ。手帳がいるくらいなんだと示しておきたい気持ちがある。自分でイクスキューズをだしているのかもしれない。（Gさん、40歳女性、内部疾患）

「全盲なら仕事大変なのはわかるけど、弱視は見えるんでしょ。がんばったら普通にできるじゃないの」〔と盲学校の教員が学生に言っているのを聞いて〕あのね、それがシンドイの。それがでけへんからここ〔盲学校のこと〕に来るの。〔社会にでてから〕晴眼者とおんなしことさせられよって、いつも居残りになっている〔盲学校の〕卒業生の話をあなたは知らんの？ 普通する〔健常者と同じことをするの意〕ために、普通でない努力をし続けるのがいかに消耗することか〔わからないの？〕。面と向かっては言えないけど、そう思いました。（Aさん、31歳女性、弱視）

上記の言葉が示すように、障害者が陰で払っている努力やコストは気づかれていないようである。Hさんがフルタイムで働ける状態を保つためには、日々病院に通って身体を管理し、維持しなければならない。Aさんは「晴眼者とおんなしこと」をこなすために、時間外労働で補わなければならない。しかし仕事という役割を果たせたとき、それらは見えなくなってしまう。したがって、そこに配慮が要るかどうかさえも知られていないのが現状ではないだろうか。

「配慮を必要としない多くの人々」と「配慮を必要とする少数の人々」という考え方が社会通念としてあると思います。しかし、そうではないと思うんですよ。「すでに配慮されている人々」と「いまだ配慮されていない人々」が

第3章　軽度障害者の意味世界

いるというのが正しい見方だと思うんです。(石川、2004: 229)

　身体条件の必然として配慮を受けなければ生活が成り立たないのであれば、配慮を要求せざるを得ない。リハビリテーション的な見地にたつ個人モデルでは、身辺自立すなわち「日常生活の基本的なことを自分でできるようにすること」を一番の目的としてきた。食べること、服を着ること、トイレの始末ができること等々、一歩でも身辺自立に近づくことを最上の命題とし、そのためにできない身体を矯正しようとしてきた。それに対して、70年代におこった当事者が主体となった障害者運動は「身辺自立に時間がかかるのならば、人の手を借りてもよい」と発想を逆転させた。他人の手足を自分の手足として使うという視点をもちこんだのである[11]。服を着なければ生活のスタートラインにさえたつことができないのである。かりに３時間かかって自分で服を着ることができたとしても、やっとスタートラインである。仕事や遊びといった生活の真の目的を考えれば、そこにかける時間はいわばムダなコストである。社会モデルにたつ障害者運動は、そのようなコストは支払う必要がないとしたのだった。インペアメントをディスアビリティの問題に置き換えたひとつの例だといえよう。コストが目に見えるかたちであれば、ディスアビリティつまり社会的な障壁として除去申し立てをするのも容易であり、理解を得やすく、配慮も得やすい。
　しかし、コストが見えにくい場合、ディスアビリティも見えにくくなる。ディスアビリティとしての承認を得られなければ、そこへの配慮もまた得にくくなるのである。
　人は社会化されて社会成員となり、成員としての役割を果たすことが期待される。役割を果たすことは有意味なことであり、成員としての矜持を保てる。だからコストを払っても役割期待に応えようとする。そして、結果としてなにかが「できてしまう」と、その間に払われたコストはなかったことにされてしまう。健常者だって努力をするのだという言葉で、結果だけをみてしまう。Ａさんの言うように「普通する（健常者と同じことをする

の意—引用者註)ために、普通でない努力をし続け、消耗する」のは、健常者の努力と比較できるものではない。しかし、スタートラインに立つまでに助走の長さがあるということ、条件の違いが不利に働いていることへの理解を得られることはほとんどない。そのうえ、Aさん、Gさんの言う「支払っているコスト」とは、個人的な陰の努力であり、他者には見えないだけにムダなコストであると指摘することは難しい。結果としてできれば、「できる」方へシフトする。その間にかかったコストは評価の範囲外である。健常者以上にかかる時間、あるいはタクシー代といった金銭、よぶんな労力、そういったものがすべてなかったことになり、同じ投資で同じ評価になっているのではなくて、かけた投資に対して評価は相対的に低いものになってしまっている。当事者はそこに不平等感をもつのだが、見えないコストはディスアビリティとしての承認が受けにくいため、配慮を受ける機会も得にくくなるのである。

　また一方で、当事者自身もどこまでをディスアビリティと言っていいのか、逡巡もあるようだ。かけたコストにこだわるより、出した成果への正当な評価を望む気持ちが強く働くこともある。Gさんのように、ときとして自らイクスキューズをだすことがあっても、みんなと同じにやれていることの方が重要なのである。「できる」ことで保たれる当事者の矜持もまた、その不平等感を封印するのに手を貸している。当事者自身も、社会的役割を果たせることは有意味なことであり、できないことは劣ることだという社会通念、ドミナントな価値観を内面化している。だからこそ、コストを払ってでも役割を果たそうとするのである。

3-5　証明がもたらす循環

　健常者社会の価値観を内面化せざるを得ない障害者にとって、コストを払ってでも健常者と同じように役割を果たす場面があることを見てきた。しかし、コストを払えなくなったり、充分に役割を果たせない等、なんら

第3章　軽度障害者の意味世界

かのかたちで役割遂行に破綻が生じたとき、軽度障害者には説明が求められる。インタビューに応じてくれた人の多くから、障害について説明を求められ、説明しても理解されないという言葉がでてきた。

　白杖・車椅子といった記号をもっている障害者、できないことがはっきりと見て取れる障害者は、なぜできないか、なにができないのか説明を求められることはあまりないだろう。白杖・車椅子といった記号は、それ自体が障害を雄弁に語るからである。

　しかし、記号のない障害者や、見た目にわかりにくい障害者、あるいは医学的に新しく発見され「障害」であると認定された障害者は、できないこと、できにくいことが外見からわからない場合が多い。そういった障害者にはしばしば容赦のない質問が待ち受けている。

　　子どもが小さいとき、小学生と幼稚園のふたりが〔荷物を〕いっぱい、牛乳とか持ってくれるんですよ。わたしお財布しか持てなくて。〔買い物の途中で知り合いに会うと〕あら、ごきげんよう。なにあんた、子どもに〔重い物持たせて〕とか言われる。で、わたしはその人達にいちいち手が悪いってことをいわなくちゃいけない。いやわたし持てないから持ってもらってると言うと、〔相手の人が子どもに向かって〕たいへんねとか、ママに付き合わされてとか〔言う〕。（Ｆさん、42歳女性、肢体不自由）

　この場合、相手にはＦさんが母親の役割を果たしていないように見えており、どうして果たせないのかが問われる。Ｆさんはありのままを答えるのだが、その答えは相手を納得させない。それどころか、助けを必要とするほど切実に困っているように見えないため、小さい子どもを使っているという行為が異様に写ったのだろう、むしろ非難がましい言葉になってはね返ってしまっている。子どもを使って楽をしているといわんばかりの対応にＦさんは傷ついた。前節で紹介したＡさんのケースにも「全盲なら仕事大変なのはわかるけど、弱視は見えるんでしょ。がんばったら普通にできるじゃないの」という盲学校の先生からの発言があったが、当事者はで

67

きないからできないのだ、あるいはできにくいのだからそれを認めてほしいと考えたとしても、それはそのままでは受け入れられない。軽度障害者が役割遂行に破綻をきたすとき、他者からは障害を努力不足の口実や楽をする理由にしていると受け取られかねない。誰だって努力しているのだから、その程度の障害で配慮しろと他者に求めるのではなく、自身でハードルを越えたらいいだろう、というものである。当事者にしてみれば、越えられない、越えにくいからこその障害なのであるが、それを理解されることは難しく、かえって努力不足を非難されたり叱咤激励されたりするのである。理解してもらえるように障害を説明するには、自身の主観に基づく言葉で語るというより、健常者の感覚でもわかるような言葉で説明しなくてはならない。そのうえ障りとなり、害になっている部分をとりだしてみせるのだから、当然のことながらネガティブな話となり、当事者の生活全般を灰色一色と解釈してしまわれかねない。しかし、それもまた当事者の感覚とは異なっているのである。

　そのような応答が予想されるので、パスできる場合はパスしておいた方が他者との余計な摩擦を避けられると考えるのだが、その戦略にも罠がある。

　　【軽度障害と障害の証明義務】軽度障害者が〈健常者で通してしまおう〉という戦略を採用しているからといって、それが必ずしも、〈自分の障害を恥ずかしく思っているから〉とか、〈健常者の方が価値が上だと思っているから〉とか、〈健常者に同一化したいと思っているから〉とは限りません。「その程度でも障害のうちに入るの？」「その程度で障害者ヅラして楽するつもり？」「その程度の障害で、努力不足の口実にするつもり？」という視線に耐えるという重荷を下ろしたい、「いやあどうして、これでもなかなか大変なんですよね」という説明を今回はパスして、この手間を省きたい、っていう願望が動機になっていることがあります（ニキ・リンコ、1999a）。

　ここには躊躇がうかがわれる。パスすることは「〈自分の障害を恥ずかしく思っているから〉とか、〈健常者の方が価値が上だと思っているから〉

とか、〈健常者に同一化したいと思っているから〉」ととらえられかねない。自身を恥じてなどいない。まして健常者に同一化したいなどとは思っていない。しかし、それを証明する手だてはない。

そして、パスできた場合には自身に後ろめたさが残り、不成功に終われば「自分の障害を恥ずかしく思っている」という不名誉を負う。どちらをとるにしろ、陥穽が待ち受けている可能性がある。

可視的であり、しかもその障害が重そうだと見える障害者であれば、そのような証明義務を負わなくともよいだろう[12]。重そうでない、見た目にわからない障害者に求められる「証明義務」、その義務は当事者を疲弊させる。

そして、証明義務を果たし首尾よく障害者と認定されたとしても、それはすなわち、マジョリティのなかでの孤立に帰っていくことを意味する。またしても健常者ばかりのなかで孤立し、障害者として劣位におかれまいとして補償努力に励み、コストを払ってでも健常者並でありたいと報われない努力を重ねる。これまでみてきた一連のサイクルを繰り返す。メビウスの帯のように、ねじれながら終わりのない循環を続けていくことになるのである。

3-6 メビウスの帯

本章は、「障害の重さと生きづらさは比例する」という社会通念への疑問から始まった。軽度障害者は、重度障害者とは別様の生きづらさを感じているのではないだろうか、別様の生きづらさがあるとするなら、それはどのようなものであり、なにに起因し、どのように作用しているのだろうかという問いをたてて、軽度障害者の意味世界を探った。その結果、重度障害者とは別様の生きづらさを感じていること、障害の重さと生きづらさは比例しないことを明らかにした。

軽度障害者の意味世界は、メビウスの帯のように、ねじれながら終わり

のない循環を続けているかのようである。

　24時間介助のいる重度障害者は、たとえ障害という属性がその個人の属性のひとつにすぎないとしても、常時その属性と向き合うことになるだろう。他者の介助を受ける身体そのものが、いつも他者との相互作用の場所になるからである。そこには緊迫感があるだろうが、自身のアイデンティティが揺らぐことはないと考えられる。だが、周囲は健常者のみという状況のなかで圧倒的なマイノリティとして過ごす軽度障害者は、障害者にアイデンティファイしにくい。

　また、他者からのまなざしも異なっている。重度障害者へのまなざしはより排除し差別する方向に向かうが、一方でその贖罪として優しく、同情的であり、庇護の対象ともみなされる。しかし、社会的な役割を果たすことは期待されていない。庇護の対象となることや社会的な役割を果たすことを期待されていないことが、当事者にとって屈辱であったとしても、よくも悪くもそこへのサンクションはない。

　一方、軽度障害者へのまなざしは決定的な排除ではなかったり、差別があるとしても重度障害者へのそれに比べれば幾分緩やかであるように見えるかもしれない。当事者にとっては、差別は差別であり、受けた屈辱感や怒りは変わらないし、比較などできないのではあるが、社会は一見、軽度障害者を受け入れているようである。そして、決定的な排除ではないのだからとして叱咤激励され、社会的役割は健常者と同様に果たすことが期待される。そのような構図が見えたのではないだろうか。

　自立生活[13]をする重度障害者に出会ったＡさんは言う。

> 　自立生活する〔肢体不自由な〕重度障害者に違和感とかもつことはないですね。そういう生き方もありかとか。楽になれた。あれだけ割り切れたらいいなあとか、憧れるわ。カッコええなあと思った。違和感はないですよ。それ〔割り切り〕がでけへんのがまた軽度っていう。そういうのもありかっていう、知ったっていうのも嬉しかった。無理して働かんでもええか、わたしらそのまま生きていてもいいやないか〔というメッセージを感じる〕。

第 3 章　軽度障害者の意味世界

開き直り、カッコええなあ思う。（Aさん、31歳女性、弱視）

　自立生活をする重度障害者は輝いて見える。そこに至る道は決して平坦ではなかったであろうが、「わたしらそのまま生きていてもいいやないか」というメッセージは潔く聞こえる。「それがでけへんのがまた軽度」なのである。軽度障害者は割り切れない。健常者にも障害者にも定点を置けない軽度障害者は、現在のところ宙吊りのまま、メビウスの帯から降りる方法を模索しつづけるしかない。
　しかし、解はひとつではないはずだ。重度障害者とは別様の生きづらさには、別様の解があるはずである。それを求めるための一歩として、まずは軽度障害者の意味世界に足を踏み入れ、そのメカニズムを探った。
　社会モデル再考の動きから浮上してきた軽度障害者への考察は、まだ緒に就いたばかりである。今後はジェンダー、エスニシティ等の変数をからめた実証研究が必要だろう。その蓄積から、障害概念を問い直す新たな視点が得られるものと確信している。

注）
1　障害等級は、身体障害者については昭和25年施行の身体障害者福祉法で明文化されている。それ以外で障害の程度に言及したものとしては、例えば交通事故の場合、後遺障害（事故等により身体に残った障害）に適用される労働能力喪失率（労働基準監督局長通牒　昭32.7.2基発第551号別表）があげられるだろう。労働能力喪失率は事故で負った障害のために、その後の労働能力がどれだけ損失されたかを率として示すものであり、交通事故の裁判等ではこの喪失率を基準として、職種、年齢、性別、障害の部位・程度、減収の有無・程度や生活上の障害の程度などの具体的稼動・生活状況に基づき、逸失割合をはかり、損害賠償額の参考とする（「交通事故判例百選」参照）。身体障害者福祉法による障害等級も労働能力喪失率も、「障害の程度」は医療専門家や法律専門家による専門的知識で決められる。それは一般社会の価値観を反映していると言えるだろう。要田は近代国家が障害を確定するのに近代科学を採用した理由として、「専門的知識を利用した背景には、『価値中立的な』専門的知識を利用すれば誰にも明らかな定義が与えられるということが前提と

されている。専門的知識はその客観性を手に入れるために最初から生活レベルとは異なる枠組みを使用してきた」(要田、1999: 199)と言う。近代国家の当初から、障害の確定や障害の程度測定に客観性を求める一般社会の価値観は、当事者の生活感覚とは異なったところに正当性を見出していたと言えよう。

2 　田垣は、脱援助を「社会福祉、教育、医療看護における『制度化された援助』から一定の距離をおく」(田垣、2006: 13)ことと規定し、障害学は脱援助を徹底しているとする。しかし、「制度化された援助」に距離をおこうとしているというよりも、援助の現場はともすればパターナリズムに陥りがちであり、障害者を無力化してしまいがちである。だからこそパターナリスティックな視点に対峙していこうとするのが障害学ではないかと、筆者は考えている。

3 　障害者福祉法第四条は「この法律において、『身体障害者』とは、別表に掲げる身体上の障害がある十八歳以上の者であって、都道府県知事から身体障害者手帳の交付を受けたものをいう」としている。別表では身体上の欠損状態を細かく規定し、それに応じて障害等級を定めており、この障害等級に該当する者のみに障害者手帳が交付される。したがって法律上行政上は、別表に該当する障害の種類とその重さの程度を有する人のみが障害者である。

4 　この章で言及した当事者は、結果として全員が身体障害者手帳に該当していた。

5 　こういった説明に対しては、「健常者だってそれぞれに生きづらさを抱えている」といった反論がよくある。しかし、ここで問題にしているのは、身体を巡る社会問題であるという点を押さえておきたい。現在の社会構造ゆえに障害者は生きづらさを負っているのである。一方、健常者の困難が、身体が健常ゆえに社会的な障壁があるものだとは考えにくい。ジェンダーあるいは貧困等々に起因する困難ではないだろうか。それは別の社会問題として論じられるべきであろう。

6 　ここでは、「社会的要因によって、身体のみならず、意思、行動等において自由を奪われることから生じる閉塞感」といった意味で用いている。

7 　「びっこをひいて行くこと」(大辞林 第二版)。

8 　石川准は「差別を繰り返し被った人びとは、激しい自尊心の損傷を経験する。損傷した自尊心は修復を要求して存在証明に拍車をかける」(石川、1996: 172)と言う。

9 　現在のところ、教育におけるインクルージョンは実現されているとは言いがたい。また当事者による自立生活運動が広がりをみせているが、施設に暮らす重度障害者はまだまだ多い。地域で暮らすには様々な面で条件が整わず、重度障害者の生活を抑圧しているのが現状である。

10 　たとえば、小学6年で障害者運動に目覚めた金の例 (金、1996: 62) など。

11 　当時「介助者手足論」という主張がされた。例えば、田中 (2005: 106)。

12 弱視からほぼ全盲になった倉本は、重度障害になってむしろ楽になった例として次のように言う。「たとえば、切符を買おうとするとき。当時〔弱視だった頃〕の視力でも高い場所にある料金表は見えませんでした。そこで、人に訊くこととなるわけですが、怪訝な顔をされるんです。一見、障害者であることが分からないから。『ぼく、目がわるいもんで…』と説明するんですが、そうすると何人かにひとりくらいの割合で『メガネかけろ』と言われたりする。怒られたりするわけです。見えなかったらメガネかけたら見えるというのが一般の認識なんですね。(中略) いまは、声をかけやすくなったし、人も手を貸してくれる。白杖をついてるぼくに対しては、誰も『メガネかけろ!』とは言わない (笑)」(倉本、2002)

13 ここに言う自立生活とは、「身体障害者、なかでも全身性の障害を持つ重度とされる人々の『自立生活』という言葉が使われる。この言葉は、しばしば、そこに込められている独立・自律への希求を具体化した生活の形として、日常的に介助=手助けを必要とする障害者が、『親の家庭や施設を出て、地域で生活すること』」(安積・岡原・尾中・立岩、1999: 1) である。

第4章
障害者手帳をめぐるアイデンティティ・ゲーム[1]

───────4-1　身体障害者手帳というアイデンティティカード

　ここでは、身体障害者手帳[2]というアイデンティティカードがもたらすアイデンティティの揺らぎを見ていきたい。次章にみるAさんのように、障害等級に該当する障害があり、かつ手帳をもつことが有利な場合であっても返してしまうという極端な反応を示す場合もある。障害者手帳は、自身を「障害者」と同定するスティグマの象徴である。だから、極力隠したい。だが一方で、障害者手帳は交通費の割引など経済的な助けにもなり、福祉サービスも受けやすい。だから、見せて活用したい。かくして障害者手帳をめぐって当事者は右往左往することになる。手帳を見せることが、あるいは見せないことが、プラスとでるかマイナスとでるか、それは自身が何者であるかを賭けたゲームである。手帳が、アンビバレントな感情を増幅する。

　以下では、まず身体障害者手帳の取得と利用可能な制度等について説明したのち、当事者の揺らぎをみていくこととする。

───────4-2　障害者手帳の取得と利用可能な制度等について

　身体障害者手帳は、その根拠を身体障害者福祉法においている。身体障害者福祉法4条は、「この法律において、『身体障害者』とは、別表に掲げる身体上の障害がある十八歳以上の者であって、都道府県知事から身体障害者手帳の交付を受けたものをいう」と定義している。つまり、身体障害者

とは法律上身体障害者手帳を持つ者とされている。

　手帳取得（交付）の流れとしては、まず福祉事務所、保健福祉センター、市町村役場の窓口等で相談する。相談した窓口で診断書の用紙を渡してくれる場合もある。そして、都道府県知事の定める医師（法第15条[3]指定医師）の診断を受けて診断書をもらい、福祉事務所、市町村役場の窓口等に申請書及び診断書を提出する。都道府県の審査機関が書類審査を行い、障害等級に該当すると判断された場合に手帳が発行される。視覚障害、聴覚障害、音声・言語機能障害、肢体不自由、各種の内部障害等、障害種別は11種に及ぶ。障害等級は7級まで設定されており、うち6級までが手帳交付の対象となる。

　手帳は医師の診断によって等級が決められるのだが、「障害者の日常生活をほとんど知らない医師のみに委譲する」ことに疑問も寄せられている。当事者の「生活実情にあった適切なサービスを受けられないという不都合」（要田、1999: 205）がでてくるからである。専門家の判断が優先し、当事者の実情が置いていかれる。法律も、社会的不利の原因を身体に求める個人モデルを踏襲していると言えるだろう。

　手帳を所持することで得られるメリットとして、医療に関わる制度によって医療費の負担が軽くなる。これは地方自治体が行っているものだが、ほとんどの自治体が制度を採用している。車椅子等補助具の支給制度、在宅介護制度等があり、様々な福祉の制度を利用することができる。これらの制度も、障害等級の重軽により受けられるサービスは変わってくる。所得税住民税に障害者控除の適用がある。

　また、手帳を提示することにより、旅客運賃の割引制度も利用もできる。障害者手帳には、等級が明示してある他に、「1種」「2種」という種別も記されている。これは障害種別とは異なるもので、1種とは介護人同伴で移動する程度の障害、2種は介護人の同伴を必要としない程度とされている。JR等の電車バスなど交通機関を利用する場合、2種の障害手帳所持者は本人のみだが、1種の所持者は介護が必要な障害者と見なされるため同乗者も普通乗車券が半額になる。航空機を利用する場合は25％の割引があ

り2種の障害手帳所持者は本人のみ、1種の所持者は同乗者も割り引きとなるのは電車バスなど交通機関と同様である。タクシー料金は1割引きとなる。乗用車を所有して利用する場合も、改造の必要がある場合一部補助金支給の制度があり、また自動車税が一部免除となることもある。

　雇用では、アファーマティブアクションとして「障害者の雇用の促進等に関する法律」で「障害者雇用率制度」が設けられており、「常用雇用労働者数」が56人以上の一般事業主は、その「常用雇用労働者数」[4]の1.8％以上の障害者を雇用しなければならないことになっている。国・地方公共団体の場合は2.1％である。これを算定するのに、障害等級が重度（1級2級）の場合ダブルカウントされることになっている。つまり、ひとりの等級が重度該当の障害者を雇用すればふたりを雇ったことになる。また障害者を雇用することによる施設整備等といった雇用主の経済的負担を軽減するために、雇用主に対して障害者雇用調整金、報奨金及び各種助成金の支給が行われることもある。ただし障害者雇用率制度を定めるこの規定は努力義務をうたうだけ[5]であり、平成22年厚生労働省の最新データによれば、法定雇用率達成企業は47％と半数に満たない。多くの企業が達成できなかった部分につき雇用納付金といういわば罰金を払っているというのが現状である。だが、法律が施行された1965年頃にはほとんど知られていなかったこの制度も、最近は高校大学等で就職希望の障害者に対応するシステムを採用するところも増え、多くの障害者が知るところとなり利用する人も増えている。

4-3　障害者手帳をめぐるアイデンティティ・ゲーム

　Bさんは障害者自立生活運動に長く関わってきており、現在もNPO法人メンバーとして障害者を支援している。その彼女から「この間も、手帳の書き直しに行かせたのよ」という発言があった。長年親元で暮らしていたある障害者が自立生活に入る準備をしていたところ、本人の障害状態、

日常生活の実際上の不自由不便な状態に対して手帳の等級が軽すぎることがわかったと言うのだ。現在の等級では年金申請もできないし、日常生活の介助サービスなども受けられないというのである。

　子どもの障害を軽く見せたい親は多い。先天性の障害者の場合、障害者手帳をとるのは年齢の低い時期であり、まだ自分で自分の状態を説明できないこともその要因のひとつで、障害等級の診断のときなども子どもに付き添っていった親が代わりに説明してしまうからである。「障害はあるが、軽い」あるいは「この子はなんでもできる」と主張する親が多いと、Ｂさんは言う。社会通念では「できる」ことがよいこととされており、親は我が子をすこしでも「よく」思おうとする。また親の庇護のもとにあるときは身体介助にも経済的にも親の助けがあるのだから、生活の利便を得るために手帳を活用するという認識が薄く、したがって等級が生活に影響を及ぼすことはあまりないこともあって、実態とかけ離れた手帳を所持している当事者も多いようである。しかし、障害者が自力で生活をしようとすれば、たちまち社会的不利に見舞われることになる。まず、仕事がない。ではどうやって生活をするのだと考えると、それだけでは充分な生活はできないとしても、ともかくも年金[6]を確保したい。就職も考えたとき、等級の軽い手帳ではマイナス要素が強い。しかも、当事者が実際に負っている機能的な不便は一見して重度であり、日常生活に介助サービスの必要もありそうだ。そういうときにはまず手帳の書き換えをしてもらうのだと、Ｂさんは話してくれた。

　重度の障害者の場合、手帳を所持しているメリットは高いだろう。ところが、軽度の障害であったり見えない障害であったりすると事情は違ってくる。

　　２種６級の下肢障害であるＥさんの場合：大腿骨、障害の名前も両股関節機能障害７級、すごい軽いんですけど、それが一個ずつで〔両足の大腿骨障害を〕あわせて２種６級という。〔病気で身体が不自由になってから10年近くたって〕生活が不便だから手帳を取りたかったんですね。右目が見

第4章　障害者手帳をめぐるアイデンティティ・ゲーム

えないし視野が狭い3分の1くらいがぼやぼやっと。だから右目は使っていない。それに右耳が聞こえない。だからできたら実際に不自由のある目か耳で取りたかったんですけど、症状が安定していないからダメだと言われて。相談した医師会で「足なら取れるんじゃないか」と言われて去年取りました。手帳を取ってちょっとは楽になりましたね。なにがって、ほら電車に乗っていて、ちょっとつらいから座りたいなと思っても〔座席に〕座れない。人の目があるから。でも、手帳があれば何か言われても言い訳になるし。それに就職のとき使えるでしょう。すこしは〔就職の可能性が〕広がったかな。友達には手帳を取ったことを言っています。「たいへんそうだとわかってはいたけど、そんなに〔手帳の等級に該当するくらい〕たいへんなんだね」と言ってくれる友達もいます。反応がない友達もいるけど、まあ、それはそれでいいし。(Eさん24歳、女性、肢体不自由)

　2種4級の下肢障害であるFさんの場合：障害者手帳をもらって、安静にしてた方が、二次障害になるからって。お医者さんに勧められたんですね。手帳をもってた方が〔良いと〕。誤解されるし、病気に見えないんで。病気で倒れたりしたら危ないからってことで。〔旅客割引も〕遠くに行かないと、ダメなんでしょ。あんまり影響がない。K市は路面電車が通っているんですけど、片道180円が90円になるだけの話で、あんまり使わない。(Fさん42歳、女性、肢体不自由)

　Eさんの場合は、むしろ肯定的に受け止められているようである。親元で生活していることもあって、経済的な救済は主要な目的ではなかったようだ。しかし、継続的に薬の投与が必要であり週に1回くらい病院に通院していて、通院にはタクシーを利用することもある。タクシー割引は1割にすぎないが度重なればばかにできない金額になる。そういった意味では経済的にも助かってはいるだろう。友達にも手帳を所持していることを躊躇なく伝える。反応がない友達については意に介さない。どう考えるかは相手に任せると言う。いまのところ家族と学校、その他自身の興味をもつ

場所で出会った友達が彼女の世界のすべてであり、就職等での社会生活を経験していない。Eさんにとっては、肯定的にしろ否定的にしろ、手帳を介して他者の視線に惑うことはないようである。Fさんの場合も、自身の身体になにか異変がおこった場合、しかもその場に彼女の身体状態を知っている人がいない場合を想定して、他者への説明材料のひとつとして役割を果たすことが期待されているにすぎない。

　以上ふたつのケースについては、さほど手帳が本人のアイデンティティに影響を及ぼすことはなさそうである。

　　2種5級の下肢障害であるBさんの場合：中学1年[7]のとき、障害者手帳を取ったことは取ったんですけどね。校内放送で呼び出されて、車で連れていかれたんですわ。わたしの学校からは、わたしともうひとり〔知的障害だろうと思われる〕女の子と一緒に連れて行かれた。大講堂のようなところで、いろんなところからたくさん集められて来てました。「舟」と「家」はどう違うかと聞かれたんですよ。あと、屈伸したり、角度を測ったり。なんであの子〔知的障害だろうと思われる女の子〕と一緒にされなあかんねん、と思って。その子と一緒にされるのがイヤだった。その後〔数ヶ月たってから〕手帳が交付されて、学校で渡された。手帳をもうぐちゃぐちゃにしてゴミ箱に捨てたんですよ。そんなもん、いらん！と思った。でも、母が拾って大事にとっておいてくれた。〔何年か後に、母から渡される〕
　　（Bさん52歳、女性、肢体不自由）

　「『舟』と『家』はどう違うかと聞かれた」と、Bさんはインタビューの間3回そう言った。身体障害者は知的にも劣るという誤解を受けることが少なくない。子どもに話しかけるように話しかけられたり、当事者の意思を本人に聞くのではなく介助者に聞くといった話は枚挙にいとまがない。彼女は学業に秀でていた。自身の価値をそこにおいていた。それを疑われることは、いわば存在そのものを否定されたと同じように感じられたのだろう。手帳はスティグマシンボルそのものとなった。幾年かを経て、彼女が

第 4 章　障害者手帳をめぐるアイデンティティ・ゲーム

手帳を使いだしたのは障害者運動に関わってからである。彼女の場合は、障害者にアイデンティファイできた後に手帳の利用を肯定している。だから今となっては、彼女にとって手帳はスティグマシンボルではなくなっている。だが、「舟」と「家」の違いを問われたというエピソードを3回繰り返すほど、プライドは激しく傷ついた。

　手帳の運用をめぐってアンビバレントな感情の起伏を見せたのは、Gさんだった。Gさんについてはレコーダーを使用しなかったので、話し言葉ではなく再現するという形で進める。

　　1種4級の内部疾患。原因不明で完全治癒も望めないのだが、難病指定されていない。常時ＩＶＨ〔在宅中心静脈栄養法[8]の一種〕を使用している。5年前に発症し、手帳をとったのは2年半前である。手帳取得の申請をする前に彼女は身近にいた数人のソーシャルワーカーに相談している。彼女が最も心配したのは、「障害者手帳を取得することで社会的にネガにならないか？」という点だった。「本人が言わなきゃわからないんだから」という返事に安心し、手帳を取ることにした。（Gさん40歳、女性、内部疾患）

　Gさんが手帳を取るのをためらったのは、「社会的にネガにならないか？」という不安が強かったからでる。「障害のために仕事ができなくなったら、それはわたしにとって死を意味する。仕事を侵食するまでに至っていないから、障害と付き合える」と言うGさんにとって社会的にネガティブに受けとめられることは最も避けたいことであった。しかし、他にもいくつか理由がある。「わたしが障害者なの？」という疑問と、いつか治るんじゃないかという希望もあってこの症状が固定して障害になることへの違和感があった。それに加えて、手帳の有利性も理解できるので治ったら返還しないといけないのかなという気持ちもあったという。一度権利を得るとそれを手離すのが困難になることも考慮に入っていた。身体障害者福祉法第16条には、身体障害者手帳の返還として、「身体障害者手帳の交付を受けた者又はその者の親族若しくは同居の縁故者でその身体障害者手帳を

81

所持するものは、本人が別表に掲げる障害を有しなくなったとき、又は死亡したときは、すみやかに身体障害者手帳を都道府県知事に返還しなければならない。」とある。だが、これも申請しなければわからない類のものである。

　彼女は仕事をもち、経済的にも安定している。しかし、体調によっては朝夕と1日に2度も病院で点滴を受けなければならない。また症状によっては2週間くらいの短期の入院が必要となることもある。この病気は難病指定されていないので、月々7～8万円の治療費が必要である。高額医療費として返還されるとしても、タイムラグがあり、この負担は楽ではない。手帳を取ろうとした動機はやはり経済にあるという。症状によっては日に何度もタクシーを利用しなくてはならない。1割引きだから1回の利用で大きな金額の軽減になるわけではないけれど、積み重なれば大きな金額になる。得をするのはそれくらいだけど、医療補助も受けられないのだからこの差は大きいとGさんは言う。

　　手帳を利用するのは主にタクシーを利用するとき。ひとりのときとダンナが一緒のときは使う。同僚と一緒にタクシーに乗るときは使わない。(Gさん40歳、女性、内部疾患)

　身近な家族と使うときには抵抗感はない。しかし、同僚と一緒のときは使わない。Gさんは内部疾患であり、したがって一見して障害者とは見えない。同僚も彼女が疾患を負っていることは知ってはいるのだが、日常にあらわれない、特別な配慮は必要ないと考えているから普段は忘れているのであろう。不可視の障害であり、しかも成人してからの中途障害であるGさんは、障害者にアイデンティファイしていない。手帳を見せたときの同僚の反応は当然ながら予測できる。同僚の驚きと戸惑いが予測できるだけではない。Gさんにとっては弱みを見せることにもなる。「仕事を辞めることは社会的な死だ」というGさんである。それは避けて通りたい。だから隠すのだが、

第4章　障害者手帳をめぐるアイデンティティ・ゲーム

　でもたまに職場で見せることがある。さりげなく机の上に手帳を置いておくとかね。毎日のように病院に行くことを同僚は知っている。努力しているんだ。たいへんなんだ。みんなと同じことをするために陰で努力しているんだよ。手帳がいるくらいなんだと示しておきたい気持ちがある。自分でイクスキューズをだしているのかもしれない。(Gさん40歳、女性、内部疾患)

こうしてたまに見せておく。前章の「3-4 コストを払う」で見たように、同じ評価を得るためにかける投資の違うことを見せておきたい気持ちもやはりある。

　長年の親しい友人と2、3日旅行をした。そのとき手帳を使った。友人とは10年以上の長い付き合いである。病気のことはもちろん知っているし、点滴を受けているシーンも見たことがある。その友人と市内観光をするとき手帳を使った。Gさんの手帳は1種である。したがって「介助者」の分も半額になる。友人は「ありがとう」と言った。自分に礼を言うことではないと彼女も思う。一度見せて半額になったのだから、次に電車・バスに乗るときもという流れになる。観光であるからテーマパークや美術館などにも入る。そこでも「介助者」の分も半額になる。友人は何度も「ありがとう」と言った。最後に空港までバスに乗ることになり、友人から「悪いね、バス代まで半額になっちゃって」といわれた。複雑だった、と彼女は言う。介助はいらないのである。だから「うしろめたさ」が残る。1種なら一緒にいる人も半額なのだから友人も享受すればいいと考えて、使えばいいじゃないかと思ったまでである。「せっかくもらってるんだから、一緒に使おう」と言って手帳をだしたのに。無神経だと思った。病気でたいへんだけどいいこともあるじゃない、特典持ってるじゃないと言われたような気になった。公的な説明がつかない。居心地が悪かった。この居心地の悪さを〔公に通じるような説明をつけて〕なんとかしなくては、と思う。(Gさん40歳、

女性、内部疾患）

　1種の手帳を所持するということは、1種となる医師の診断があったからであり、それは「介助が必要となる場合があることを想定している」という判断のはずであり、そこにうしろめたさを感じる必要はないはずである。「特典持ってるじゃない」と言われたような気になったのは、Gさん自身がうしろめたさを感じたからであろう。このケースでは友人もたぶんうしろめたさを感じているのではないだろうか。介助の労など払っていないのに、報酬だけを受けているような気になったのではないだろうか。これがGさんの体調が悪いときに一緒にタクシーで病院に行くというシチュエーションであれば、そのようには感じないはずである。手帳の行使は正当化される。このときはGさんの体調は良好で、しかも遊びといういわば生活の余剰部分での行使である。手帳の行使は公的サービスの受給なのだから「正当な理由」のもとに行使されなければならないという縛りが、暗黙のうちにできてしまっている。日々IVHが必要であり、「介助が必要となる場合があることを想定している」という前提はないことになってしまい、手帳の行使は過剰サービスとなってしまう。常時介助の必要な障害者ならば、正当な理由があるとして、合理的に振舞えるだろう。公的理由を探さなければと考えたり、過剰サービスではないかという疑念は抱かないのではないだろうか。1種の手帳を交付された時点で公的理由はあるはずなのだが、障害が不可視であったり常時介助が必要ではない障害者は、過剰サービスと受けとめられないように「より正当な理由」を探すことになる。かくして手帳の運用をめぐるアイデンティティ・ゲームは、時と場所と相手に配慮しながら終わることがない。

注)
1　標題は石川1992の書名から本章のタイトルにふさわしいと判断してタイトルとした。
2　知的障害については療育手帳、精神障害については精神障害者保健福祉手

帳がある。精神障害の場合、親類縁者の忌避感が強く手帳をとることに反対されるケースも少なくないと聞く。こういった点も身体障害との違いであり、障害を一般化して語ることの困難を示しているといえよう。

3 　15条は、「身体に障害のある者は、都道府県知事の定める医師の診断書を添えて、その居住地（居住地を有しないときは、その現在地）の都道府県知事に身体障害者手帳の交付を申請することができる。」と規定している。

4 　常用労働者数とは、正規雇用の労働者だけではなく、パートタイム労働者であっても月間だいたい120時間くらいの労働を目処に常用としてその数に含める。

5 　法律に「〜するよう努めなければならない」等と規定されているものの違反しても罰則、その他の法的制裁を受けない義務規定を言う。

6 　年金は障害者手帳の等級審査とは別ルートで審査される。手帳の交付は都道府県であるが、年金申請は社会保険庁で行う。したがって、手帳が1、2級の重度障害者でも年金の対象にならない場合がある。

7 　1966年・昭和41年当時の話である。

8 　生命維持に必要な栄養素を、全て静脈内に投与し、経口摂取ができなくても、栄養状態を正常に保つことを可能にした栄養法。

第5章
晴眼者か盲人か
「どっちつかず」を生きる

　本章では、ひとりの軽度障害女性の生活史を詳しくたどってみる。彼女の生活史のなかに、第3章にみた軽度障害者の特徴が浮かび上がってくる。重度障害者の経験譚からは程遠い、軽度ゆえの生きづらさが見えてくるだろう。

5-1　生育家族のなかで

　Aさんは、彼女の言葉を借りて言えば「由緒ただしき盲人一家」の住人として生まれた。両親ともに視力障害者である。母方の祖父母、また祖母の兄弟にも視力障害がある。Aさんも先天性の白内障という水晶体が白く濁る病気で、弱視者として生まれた。両親は重度の弱視であるが、彼女の障害は弱視といっても非常に軽度である。現在31歳になるが、2歳のときに手術を受け、水晶体をとっている。水晶体は遠近の調節機能をつかさどるもので、白内障は一般には老人がかかりやすい病気として知られている。水晶体が老化することにより遠近の調節がつきにくくなるのである。Aさんは自分の視力の状態を「子どものときから老眼みたいなもんでんねん」と説明する。手術は両目各1回で計2度受けている。一度は失敗したらしく、右目は左よりも見えにくい。したがって普段は左目だけで見ている。右目も活きてはいるが「スペアとしてはある」程度である。両目で見ることはなく、左目も、コンタクトをしていても近くのものは見えにくい。妹がひとりいるが、妹に視力障害はない。両親からの遺伝は優性遺伝で確率は50％である。Aさんの言葉によれば「妹は化け物です。普通(の視力が

ある)。わたしらからすれば宇宙人です」ということになる。それくらい視力障害を特別なものとみなさない環境にあった。その環境では弱視にせよ「見える」彼女は晴眼者であり、親の介助を受けることもなく、むしろ彼女が親の介助者だった。子どもの頃買ってくれたおもちゃも数字を覚えさせるためだったのだろうと彼女はにらんでいる。

　(親を)手引きする。(親をバス停に)連れていって、バスの番号覚えたんで、数字を覚えたいうか。2、3歳のときに数字を。マグネットで電子レンジにひっつくようなん、おもちゃみたいのん買ってくれたんですよ。で、なにをさせるんかなと思うたら、これ数字覚えさせるんですよ。はい番号いうてみ、言うてね、あれ何番？とか。うまいこと利用されるんですよ。賢かったな、親は(笑)。買い物のとき値段見たり、バスの行き先の料金みたり、仕事ですからね。わからんかったら窓口にいって聞いて来いと。(障害者)手帳渡されて、どこどこまでの料金聞いて来いって先に走らされるんですよ。自分もイラチやから。んでね、どこどこまでふたりとか(駅員に言う)。それ仕事でしたからね。(親のかわりに)学校からのお便り読んだりとか、字ぃ早よう覚えた方やと思います。

　親の介助をうけて育たなかったということも、彼女が自身の障害に気づく時期を遅らせたのではないだろうか。彼女の話からは、両親が彼女の誕生をどう思っていたのか、推測できない。優性遺伝であることは知っていたのだろうから、彼女が視覚障害になることも予測できただろう。一般に、子どもの誕生に際して親は五体満足を望むものであろう。子どもが障害をもって生まれた場合の親の葛藤の激しさは、要田の研究(要田、1999)に詳しい。社会通念が親自身に与えている障害者への差別観、親族からの容赦の無い否定的な言葉や所作、地域の人びとの目線、その目線を意識して動きがとれなくなる苦痛、そのような時期を経て障害のある子どもを障害もろとも引き受けていくまでの過程は、その時間の長短に限らず、激しい葛藤があることがうかがわれる。しかし、Aさんの親にそのような葛藤は、

第5章 晴眼者か盲人か──「どっちつかず」を生きる

すくなくとも彼女の話からは見出せない。安易な判断はできないのだが、何世代にもわたって視覚障害者を産んできた彼女の生育家族にとって、視覚障害が特別なものではないという認識があったのではないだろうかという推測が成り立つ。その認識のうちには、視覚障害があっても社会生活を営めるという自信があったのではないか、障害がスティグマであることは経験上も充分知っていながら、なおそれを跳ね返すだけの強靭な自負があったのではないだろうかと想像するのである。

　彼女は親から介助を受けなかった。逆に親を介助していたのだが、彼女にストレス[1]はなかったようである。子どもの頃の記憶をたどっても、そういう話はでてこなかった。「由緒正しき盲人一家」と自身を紹介するほどに、障害のある人たちに囲まれて育ったことが影響しているのだろう。親の介助を「仕事」と受け止め、そこに特別な価値観を持ち込んでいない。見えないことの不自由さ、不便さは認識できていたけれど、それが社会的にどのような意味をもつのかまでは、まだ理解できていない。生育家族のなかでは、健常者として「おまえは普通だから」と言われ、またそのことに疑問をもたないでいられた。彼女は障害にネガティブな印象をもっていない。

　　筆者：よそのお母さんはできるけど、うちのお母さんはできないっていう、そういうことは？
　　Aさん：まあ、あんまりないですけど。(学校の) そういう行事のときとかはあったかな。それより面倒くさいっていうのが一番。自分でやれよって。仕事が増えるっていうしんどさ。
　　筆者：親の介助をしなくちゃいけないっていう。
　　Aさん：介助をしなくちゃ。読み書きですね。
　　筆者：読み書き？　自分でやれよ？
　　Aさん：(親に対して、自分でやれよと) 言ったことある。
　　筆者：なんておっしゃった？
　　Aさん：なんて言うたかな？ 忘れた。でけへんのじゃ言うたかもわから

んし。そんなに問題になるようなことはなかったです。
　筆者：残ってない？
　Aさん：残ってないです。面倒くさいとかいうのはけっこうありましたから。

　そうはいっても本音はつらかったのではないかなどという解釈は深読みであり、障害者家族はつらいものだという、他者のステレオタイプな思い込みであろう。Aさんの家族にとって障害は当たり前にあるものであり、特別なものではなかった。家族内では淡々と受けとめられていたのだ。
　それにしても、「障害」は彼女自身にとって遠い言葉であった。「障害者いうのんは、親のことやと思ってました」というとおり、自身に結びつかない言葉だった。

------5-2　反主流

　現在彼女はコンタクトレンズを使用しているが、小学生の頃はメガネを使用していた。「牛乳瓶の底みたいなレンズのメガネ」だったという。「気がついたときには」(本人談) メガネをかけていたと言うのだから、もの心ついたときにはすでにそのメガネは手離せない状態であったのだろう。
　彼女が小学校にあがる年、一家は引越しをし、彼女は新しい土地の公立小学校、普通校[2]に通うことになる。慣れない土地で見知らぬ人びとと最初の集団生活が始まったのである。好奇心にあふれた児童に「牛乳瓶の底みたいなレンズのメガネ」が目にとまらないはずはない。画一化され、同化を要求する集団生活において、突出した差異はすでに好奇心の対象ではなくなり、ストレートに排除に向かう。定石どおりと言うべきか、彼女はイジメにあうことになる。

　ひとりやったんですよ。知った子がいない。(わたしのことを) 見慣れていないから、だからよけいね、イジメがあるでしょ。気持ち悪いとか。担

第5章 晴眼者か盲人か──「どっちつかず」を生きる

任(の先生)がイジメる方の肩もつんですよ。給食のときに、(同級生が)「お前来るな、気持ち悪い」とか言うんですよ。で、言うんですよ、担任に。そしたら担任がその子つかまえて「あんた、そんなこと言った?」と聞くんですよ。そんなん(相手の子は)「言わへん」言うでしょ、もちろん。そしたら、(担任の先生が)「そら、言うてないで。あんたのヒガミや」言う。あ、そうかこっちの言うことは聞かんのやって。いつもその調子やった。(イジメの原因は)見た目が気持ち悪いっていう、それだと思いますけどね。プールはいるなとかね。そういうことがあって、もめたりしました。

ここで彼女が認識しているのは弱視という障害による排除ではない。スティグマになっているのは牛乳瓶の底みたいなレンズのメガネであり、容姿による排除であったということである。ここでも障害は彼女の認識の表面にでてきていない。小学生で、周りにまだ友達もいない彼女にとって、不正を正してくれと訴えられるのは担任の教師だけであったのに、公正を期したその相手に「ヒガミ」としかとらえられなかったのである。心のなかで歯がみして地団太を踏む子どもが想像できる。初めてあじわった疎外感であっただろう。

小学校低学年のときのこの体験は、後々まで彼女の心に深い傷となって残っていったようだった。排除の不当性は公正な判断を得ぬまま正されなかった。子どもにだけではなく、オトナに信用されなかったことが大きな傷となった。「こっちのことは聞いてくれへん」「軽くみられとる」と感じ、自己が逸脱した存在であることを内面化する契機になった。

人間不信かな。それがやっぱり大きいんかな。人がバカにしてる、周りが。そんな気がするんですよね。だからなに、こっちの言うことは聞いてくれへんという。うーん、なんか溶け込めへんいうか、わざとこう反主流派に。足をひっぱるとかね、そういうふうになるんです。おもしろないんですよね。

「おもしろない」のは当然だろう。足場をおいているはずの集団は自身

91

を排除しようとしているのである。周囲の人たちを信頼できないのであれば、闘うしかないと、子ども心にそう結論する。

　逸脱の原因は容姿の問題、メガネであった。そのメガネは小学校5年のときにははずしていて、それ以後コンタクトレンズに変えている。問題は解消されたはずだが、ブサイク(本人談)だという印象は周囲に残ったし、自分の心のなかからも払拭することはできなかった。「人間不信」は後々まで彼女のなかに残り、行動を縛った。「社会集団は、これを犯せば逸脱となるような規則をもうけ、それを特定の人びとに適用し、彼らにアウトサイダーのレッテルを貼ることによって、逸脱を生みだすのである」(ベッカー、1963=1978: 17)。「きしょい」というレッテルを貼られたことによって、彼女は逸脱者となった。そして、オトナに信用されないことによって人間不信に陥る。自分は理解されない、逸脱していると感じる。このように彼女は逸脱を内面化していくのだが、それが「障害」に起因するものだとは考えていない。彼女の場合、盲学校入学前後まで自らの「障害」を認識することはなかった。

　　(イジメられていてもそれは障害が原因だとは思わず)容姿の問題とか。メガネの問題とか。障害というのはもったいそうなイメージがあるんですよ。白杖つくとかね、それこそ、そう。介助せなあかんものというかね。普通に動けてふつうに見える人が障害とは思いもせえへんし。代筆とかするひとが障害とは思いようがないです。うちのなかで一番見える人 (なのだから)。

　しかし、彼女の認識がどうであれ、見えにくいという事実は生活に支障をきたしていく。学校の宿題などが間に合わなくなっていくのである。

　　筆者：見えないから、できないとは思ってなかったの？
　　Aさん：思ってなかったです。作業が遅いっていうのはようわかっとったんですけど。よう怒られとったです。いかに能率よくやるか、とこ

第5章　晴眼者か盲人か──「どっちつかず」を生きる

　　とん考えた。〔手を〕抜けるとこは抜かな思うでしょ。今度は必要のな
　　いことせえへんねん。
　筆者：効率的に。
　Ａさん：そう効率的に。落としていくしかないんですよ、時間がないから。
　筆者：遅いといわれていたの？
　Ａさん：遅い。それとミスが多い。
　筆者：それは見えないからでしょ？
　Ａさん：そうなんかなあ。今考えたらそうかなあと思いますけど。たし
　　かにおっちょこちょいというのもあるから。写しの違いとか、そうい
　　う類のミス。いま思い出すと、なんですよ。あ、そう（見えにくいの
　　が原因）かっていう。そのころは必死でしょ。毎日なんとかのりきら
　　なあかんっていう、宿題なりなんなり。生活の知恵。
　筆者：それはずっとやっぱしそうだった？
　Ａさん：うん、ずーっとそう。

　いま思うと視力障害のせいで遅かったのかもしれないと思う。しかし、その時点では自身を晴眼者・健常者であると見なしている。
　見えにくい、宿題がたまるという状況でも、成績はまあまあだった。「（学習内容なんて）、１回やり方を覚えたら、何度も同じことをなぞらなくてもわかる。あんな、事務処理みたいなこと。同じことをさせるから、退屈で」という言葉からも推測されるように、要領もよければ、理解も早かったようである。事務処理みたいな勉強はやっていられないと思った。
　中学を卒業したとき、普通高校へ進学する気はなかった。事務処理を続けるよりは、「宿題のないところに行こうと思いました。(仕事を終えて)帰ったらおしまい、っていうような」、そういう仕事をしようと就職を考えたが、たまたま母親が見つけてくれた専修学校がおもしろそうだったのでそこに進学した。大学受験の資格はとれるが、学歴上高卒にはならないという専修校だった。当時としては珍しく週休２日で、自由な校風が気に入った。変わった子ばかりきていて、楽しかった。いまでもそのときの友達とは仲

がいいという。この時期について、彼女は障害に関連することを話題にしていない。授業は英語でうけていたというから、それなりに彼女のいう事務処理的な学習はあったと思われるのだが、楽しかった印象が強い。教科も少なかったというから、タイトな授業ではなかったのだろう。自由な校風、変わった子ばかりの環境は、彼女の反主流とよく合っていた。

5-3　気づき

　そして、大学に進学するのだが、それでもまだ彼女は障害を意識していない。彼女が進学したのは、外国語大学、専攻は英語である。大学に進学するときは、まさかまた事務処理が待っているとは思わなかった。ところが、

　学校も外大やから小さい字読まなあかんでしょ。作業量がこんなにあってそれやってきなさい。事務処理みたいな勉強。ひたすら辞書調べて書いて。しんどかったですよ、正直。
　（大学でも）宿題ありました。ひたすら訳しなさいでしょ、予習が。あてられて、読まされる、退屈しました。一時休学。やめよっていっとき思って。半年休学。1年いったって、（お金が）もったいない。大学ってものすごい作業量、それもいままで勝ち上がってきた人達だから早いんですよ。こなすのが。それが終わっても宿題がでるんですよ。これはどうしてもついていけんなと。ほんまにそのとき、初めてかな、そう思ったのは。ひょっとしたら、だから（見えにくいから）遅いんかなと思いだした。字がだんだん小さくなってくるし、拡大コピーしだしたのもそのときから。

　大学の授業についていこうと努力したが、「ひょっとしたら、だから（見えにくいから）遅いんかなと思いだし」て、彼女はやっと別の道を探すこと

を考えはじめる。自身は晴眼者であるというアイデンティティに揺らぎが生じた。そして、就職を考えたとき彼女は盲学校に入学する道を選ぶ。

5-4　どっちつかず

　　自分は晴眼者だと思っていたから、盲学校なんて行ける人違う、はいれるわけがないと思ってました。そこまで重症違うやろと。周りもそう思ったし、親も普通に暮らせるやろという。(大学で同期の)皆さん就職とかする。なにしようかな。漠然とですけど、OLとか事務職はシンドイなあ。好きでもないし。手に職つけようかな。手作業でもいいから、できることならええんちゃうかってね。料理だったらできるんちゃうかとか、そんな話をしつつ、母親の実の母親(視覚障害者で按摩師)のところに旅行がてら行って、「仕事がないんや、どないしようかな」という話をした。したら、「盲学校行って資格とりんか」言われて。「資格は邪魔にならんけに、持ってたらええんじゃ」とか言うんですよ。
　　親からも盲学校行ったらって。うちの親からそんなこと聞くとは思わなかった。どっちかっていうとあんたは普通だからと言ってきてたから。そんなこと言うんや。じゃ、いっぺん聞いてみよと思って、それから。

盲学校は学齢期の子どもが通う幼稚部から高等部普通科まであり、そのうえに鍼灸マッサージ師を養成する専攻科がある。専攻科は就学する年齢も幅があり、概して少人数制である。彼女が就学したのは、24歳のときであった。
　ところで、彼女は入学前に障害者手帳を取得している。手帳の有無は入学の条件に入っていない。格別手帳を取る必要はなかった。しかし、彼女は手帳を取った。「障害者として便利かな、(視覚障害のある家族は)みんな持っているし、という軽いノリ」で取ったという。障害者に移行するなら、

持っておこうくらいのノリである。ここには「障害を受容する」といった気負いはない。「由緒正しい盲人一家」という障害者家族の一員であったことも、晴眼者から障害者への移行を助けたのかもしれない。

　盲学校は楽しかったと彼女は振り返る。のちに結婚することになる男性と知り合ったのも盲学校だった。「少人数だし、田舎の学校みたいにみんな仲がよくて、部活もあったし、文化祭やったこととか、楽しかった」と言う。事務処理みたいな学業を離れ、見えにくいという現実を障害として受けとめ、将来の仕事にもメドがたって、盲学校は順風のスタートを切ったようだった。

　しかし、ここで障害の重度／軽度問題に突き当たることになる。

　　たとえば、わたしは介助慣れしてるから、なんかあったら（友達にも）読み上げたり、連れていったりする方でしょ。あんた見えるからええなあとかね。見たもの口にだして言うでしょ。そんなに見えるのとか言われるとドキッとしますね。これは言うと…（問題があるのかもしれないのだがという躊躇があった）。現実、基準に該当しない人がいるんですよ。入学基準よりも（視力の）いい人が。入ってくるんですよ、授業料タダだから。普通の学校へいったら授業料ごっつうかかるからそこへ入ってくるいう人も何人かおるわけですよ。そういう人へのやっかみみたいなものあるでしょ。そんなん聞いておって、ひょっとしたら、わたしもそう思われてるのんちゃうかとか。そういう人がおるからあかんのやとか、（盲学校の学生は）そういう人を攻撃するの、けっこう厳しいです。え、わたしのことちゃうかとか思って。そういうのがあって、あんたそんなに見えるの？とか。やばいなあ。たしかに彼らにしたら、ものすごく（目が）いい人なんですよ、わたしは。読み書きして手引きしてくれる人って晴眼者なんですよ、わたしらのくくりとして。介助するほうだから。

　　そしたらどうもこっちを見る目が違うんちゃうか、いうのが気になりだして。あれっ、ここは安心しとったらあかんねんなあって。なんか怪しまれているんか、疑われているとか気になりだしてね。できるからいいねえ

第 5 章　晴眼者か盲人か──「どっちつかず」を生きる

っていう。ああ、できることにしとかなあかんねんなあ、っていう。今度はそれに縛られて。

「どっちつかず」という言葉を彼女は使った。健常者社会にあっては、反主流として矜持をたもっていた彼女だが、むしろ盲界での方が気遣いを強いられることになった。
　そして、彼女は障害者手帳を返上することになる。

　　Ａさん：盲学校にはいるときにね、一回〔障害者手帳を〕とった。でも、「えぇー、あんたがぁ～（その等級なのか）？」とかいろいろいわれるのがイヤになって。区役所の窓口にいって、要りません、返しますわ、言うて返上してん。
　　筆者：受け取ってくれたの？
　　Ａさん：不自由しませんからいいですわ言うて、返した。ほな、受け取ってくれました。
　　筆者：へえ、珍しいケースですね。返上したっていう。
　　Ａさん：そのときは、等級、大目にでとったんですよ。それもあって、やあやあ言われるから。
　　筆者：大目にって、そのときは何級？
　　Ａさん：４級。（症状の悪さが）ですぎた。（診察のとき）適当に言うとったらそうなってしまった。別に４級だったらどうや（＝有利になるから詐称した）ということではなかった。

　手帳取得の診察の際に多少のずれがでてくることは珍しいことではない。彼女の場合もそうであるが、障害は常に固定しているわけではない。症状の固定を「障害」と名づけるのであるが、それはいわばこれ以上の治癒はない状態とみるべきであって、「固定」といっても日によって、あるいは季節によって症状に開きがでてくることは視覚障害に限らず多いのである。症状が重くでてしまったことに「後ろめたさを感じさせられた記憶」

が蘇ったのだろう、インタビューの際に「そうなってしまった」というやや自責を含んだ発言になっているのだが、彼女が故意に症状を重く申告したわけではなく、その日の状態で「適当に言うとったら」そうなってしまっただけである。しかし、そのことが思わぬ波紋を生じさせた。前述したように、彼女は盲学校では晴眼者である。

　わたしより重度の人が5級とか6級だと（あなたのように軽い症状の人が重度の手帳をもっているのかと）いわれますねん。それ、つらい。ルーペ使ったりとか家ではしていましたけど。（大学まで）学校にはもっていっても使わなかった。学校の黒板とか見えんでも言うたことメモしたらノートはできるわけですし。いけてましたからね。（使う）必要がなかったです。そのころは全然そういう意識がなかったから。盲学校いってからの方が逆に気ぃつかうようになったけど。そういう、そんなんやっとったら（ルーペを使うと）重度そうに見えるから。そんな程度で使うな、とか言われるから。

　結果、彼女は手帳を返上する。返上にいたるまでの抑圧感は、相当に重かっただろうと想像される。
　障害のためにそのままでは就職がないかもしれないという理由で、盲学校に入りなおしたのである。健常者から障害者へと所属を変更したのである。拡大コピーもルーペも堂々と使える環境になったはずであった。ところが、今度は逆に障害の「軽さ」を理由にルーペの使用にも気を遣わざるを得ない状態に陥る。障害者になったつもりが、健常者（晴眼者）だと名指される。そして、障害者としてのアイデンティティの象徴である障害者手帳を手離すまでに至った。健常者（晴眼者）でもなく障害者（盲人）でもないという奇妙な立場にたつことになったのである。皮肉である。
　障害者には階層制（ヒエラルキー）があって、より重度の障害者、つまりは健常者の身体からより離れている障害者ほど他の者より嫌がられるということがある (Murphy, 1987=1997: 176-177)、とマーフィーは指摘した。この

第5章　晴眼者か盲人か──「どっちつかず」を生きる

ヒエラルキーは、障害の重さと生きづらさは比例すると解釈する社会通念と呼応している。健常者がマジョリティである社会では、障害のヒエラルキーはより重度の障害者に不利に働くはずである。だが、Aさんのケースではまったく逆の作用をしている。一般に流布しているのは、障害のヒエラルキーにしたがって、より重度の方から排除は直線的に進むという言説であろう。しかし、常にそうとは限らない。所属集団によっては、障害者と健常者のどちらがマジョリティでありどちらがマイノリティであるかによって、シーソーは沈む場所を変える。障害のヒエラルキーは、ここでは逆の作用を示した。そして逆に作用しても、それがうむ抑圧の効果は同じであった。Aさんはこうして一度手帳を手離した。

大学、盲学校在籍当時、彼女も他の学生同様アルバイトを経験している。そこでの経験について彼女は、

> Aさん：健常者社会で仕事をするとき、「（この仕事が）できますか？」って言われたら、「はい」って言うてしまうんですよ。悲しい。仕事がここにあると思うと。だいじょうぶです（と言ってしまう）。…（けれども）ちょっとしたことでも気いつけなあかん。バイトのとき休み時間でもせっせと働くんですよ。点数稼いでおかんと、なんかあったときに、真面目でええ子やと売っとかんとあかん。ちょっと見逃したりとかあるでしょ。だからええイメージをつくっとかなとかね。健常者のとこにおってシンドイ。いっつも短刀持って切腹せなっていう緊張感。いったんなんかあったら、小指どうぞっていう、そういう感じですよ。ヘルペス、でるんですよ。そういうの、あんまり続くと。居酒屋のホールのバイトをしだしたときにでましたわ、見事に。それで辞めましたわ、（ヘルペスのせいで）もう立ってられへんから。
>
> 筆者：それはなにがストレスだったの？
>
> Aさん：注文とるのにみんな手ぇあげるんです。わたしはみつけられへんでしょ。みんなそれを見てさーっと行くのに、ずっと立ったまんま

なんですよ。仕事とられへんのですよ。あかんわ。呼んどるのに気いつかへん。「空いたお皿をどんどん下げてきなさい」って言われて、空いていると思ったらまだ入っとるんや。「お前目が悪いんかい」（とお客さんが）言うてね、「そうです」言うて、笑っているけど…。厨房で焼き物やらされるんです。生焼けを何回か出したんです。これは問題になるかもわからん、２週間で辞めたんです。最短ですわ。

　一見しただけでは障害者に見えない彼女は、とくに印象操作をしようと努めなくとも、健常者で通る。黙っていればわからない。アルバイトも健常者と同じように選べる。しかし、一般雇用でも障害に対する配慮はまだ充分ではないと言えるだろう。アルバイトであればなおのこと障害への配慮はない。というか、配慮が必要な人をアルバイトには雇わない。仕事を得ることはできるのだが、バレたらクビになる怖さがいつもある。だから、気づかれないように細心の注意を払わなくてはならない。「健常者のとこにおってシンドイ。いっつも短刀持って切腹せなっていう緊張感。いったんなんかあったら、小指どうぞっていうそういう感じですよ」という言葉はその感覚をよく表している。

　手帳の返上やアルバイトの経験などを経て、盲学校の２年生になった頃から、彼女は自分の微妙な位置を考え始めるようになった。そして障害者関係の情報を調べ、軽度障害ネットワーク[3]というインターネットによるセルフヘルプグループに出会う。健常者でもない、障害者でもない自身の位置と重なり合い、彼女はここを居場所と感じた。

5-5　晴眼者でもなく盲人でもなく

　それから数年の後、29歳のときに同じ盲学校の同期生であったやはり弱視の男性と結婚する。彼の視覚障害は１種２級である。結婚前、彼の母親から子どもは産まないだろうと言われて彼女は「凹（へこ）んだ（本人談）」。子ど

第5章　晴眼者か盲人か──「どっちつかず」を生きる

もができたら当然産むものと考えていたからである。現在は、

　　（子どもが視覚障害をもって産まれてきても）それでいいやないかと。ふたりで（話し合っている）。確率は２分の１。彼の場合は風疹ですわ。だからそっちは関係ない。たまたま同じ白内障になってますけど。
　　いつのことかわからんですけど（ずいぶん前に）、ダンナ、おかん（＝ダンナの母親）のことがイヤになったことがあって。「あのころ（＝ダンナを妊娠した当時）病院の先生がちゃんと検査しておったら、こんな障害のある子、産まへんのに」みたいなことを（母親が）うちのダンナに言うたらしいですわ。「ほな、俺おれへんねんで」「いや、１年したらもう１回産んだらええねん」（と母親が言った）。「それは俺やないやろ」と。そういうことを言い合いしたことが何回もあって。そのときからかな、うちのダンナもそういうこと考えるようになって。優生思想とか勉強してますけどね、たまに。自分がおらへんてどういうことやろと、考えるようになった。だからふたり（Ａさんとダンナ）のあいだでは、別に検査しようなんてそんなことはないです。だから、お母さんがいろいろ言うてきても、もう迷わない。

現在はもう迷わないと彼女は言った。

　　「淘汰」されるべき「悪質」な遺伝形質と「保存」されるべき「優良」な遺伝形質という分割は当然のことながら、そのどちらかを有するかによる人間の分割（つまりは差別）を生み出してきたし、さらには特定の民族や人種を「淘汰」されるべき「劣等」なものとして位置づける発想と結びつくことさえあった。まず私たちが確認しなければならないのは、優生学の根底にあり、これを突き動かしてきた、ある明確な価値判断である（市野川、1999：128）。

　周囲の理解や自身の考え方によっても違ってくるのだろうが、先天性の障害者の多くは、結婚や出産に際してこの問題に突き当たるのではないだ

ろうか。自らを淘汰されるべき人間であると迫るかのような、この価値判断は残酷である。しかもこの価値判断はさほど深く斟酌されないまま、自明のこととして社会に受け入れられている。自覚的でなければ、障害当事者でさえその陥穽に落ちそうな危険をはらんでいる。誰か個人の考え方の是非を問うのではなく、障害者を見るまなざしに、優生思想が深く根を下ろしていることにわたし達は注意を払わなければならないのではないだろうか。

現在彼女はマッサージ師としてK市内で働いている。自立生活をする肢体不自由な重度障害者のところにも出張マッサージの仕事に行く。その人達と仕事以外でも交流がある。

　自立生活をする（肢体不自由な）重度の障害者は、盲界とはあんまり付き合いがないんですよ、おんなじ障害者でも。だから、その人らにあんたはいいねとか言われるのは逆にないんです。彼らと接していて、（障害が）軽度（であること）のつらさを感じたことはない。イヤなことを言われたことがない。話がしやすい。ちょっと間がある。（お互いに）あまり身近でなかったから、かな。ある意味そっちでもそんなやねっていう、そういう話ができるんですよ。たとえば、学校のときにつらかったという話、仕事の話、遠慮するいう話とかね。こっちも聞けるし、むこうもああそっちもそうなんやと聞いてくれる。別にうらやましいとか、あんた歩けるからいいねとか言わないですね。彼らは。逆に盲界にいるとね、あんたはええねとかそういう話になる。

　自立生活する（肢体不自由な）重度障害者に違和感とかもつことはないですね。そういう生き方もありかとか。楽になれた。あれだけ割り切れたらいいなあとか憧れるわ。カッコええなあと思った。違和感はないですよ。それがでけへんのがまた軽度っていう。そういうのもありかっていう、知ったっていうのも嬉しかった。無理して働かんでもええか、わたしらそのまま生きていてもいいやないか。開き直り、カッコええなあ思う。

第5章　晴眼者か盲人か――「どっちつかず」を生きる

　障害種別が違っていると理解ができにくいのではと考えられるのだが、ここにみるケースではかえって理解しあえるようだ。種別が違うことがクッションとなって、適切な距離が保たれている。学校のときにつらかったという話、仕事の話、遠慮をしてしまう話などは、種別を超えて共感しあえる。彼女もその住人である盲界ではかえって理解されなかったが、自立生活をする障害者とは気楽に付き合える。

　いまは楽しい、とＡさんは言う。一度返上した障害者手帳は就職のときに取り直した。今度の手帳は２種６級である。もう手帳の級数にうしろめたさを感じることはない。現在の職場も健常者と一緒であるから「いっつも短刀持って切腹せなっていう緊張感」が消えたわけではないが、仕事も充実しているようである。趣味もふえた。「ジャンベたたくのも楽しいし、（自転車で）外にでるのも楽しい」と最後に笑顔で話してくれた。

　わたし達の社会は基準となる身体を要請し、基準外の身体を異物として取り除いていこうとする。その結果、障害は逸脱とされる。逸脱だとされる障害に貼り付けたスティグマの影響力は根深い。そして、この社会は排除の順番にしたがって障害のヒエラルキーをもっている。障害者は序列化されており、障害が重いほど排除にむかうとされる。その序列は健常者のみならず、障害者も内面化している。そこから障害の重さと生きづらさは比例するという言説がうまれてくる。だが、はたしてそうだろうか。

　重度障害者とそれより軽い疾患に見える障害者を区別して問題にする必要があるのかという批判がある。また、軽度障害者は重度障害者を差別するという見解もあれば、軽度障害者の問題は重度障害者の問題が解決されたときには必然的に解決されるという見解も見受けられる。しかし、ことはそう単純ではない。これらの見解は障害の重さと障害を負う個人の生活の困難さ・その生きづらさとは比例するという直線的な見解のうえにたった、いわば素朴な見解と言わざるを得ない。しかも、他者の生きづらさを計量するかのような不遜な態度に気づいてもいない。そのような素朴な見解が、軽度障害当事者の葛藤を封じ込め、閉塞感に追いやっていく。社会

は一見、軽度障害者を受け入れているようにみえる。しかし、まだマシであると位置づけて省みない。結果、軽度障害者は健常者でもなく障害者ともいえない「どっちつかず」な場所に追いやられているのが現状であろう。Aさんの話は、軽度障害者の「今」がどうあるのか、まざまざと見せてくれた。

注)
1 障害者家族内のストレスについては80年代以降論議をよんでいる。介助を担うのは主に女性であり、そのジェンダー偏向も論議の的となっている。Aさんは子どもでもあり、その負担が大きいのではないかと考えたが、Aさん自身はあまり感じていなかった。
2 特別支援学校と区別して、「普通校」という言い方をしている。
3 軽度障害ネットワークについては（田垣、2002）に詳しい。このネットワークは1999年に、現在大阪府立大学准教授である田垣正晋らによって当初メーリングリストとして始まり、後にオフ会やシンポジウムの開催等によって活動を広げHPも立ち上げた。2006年頃まではなんらかの活動があったが、現在は活動を休止している。

第6章
ディスアビリティと格闘する

　この位置にいる人々をなんと名づければよいのだろう。
　軽度障害者にインタビュー調査をしてその結果を文章化したとき、重度の対語としてその言葉を使いそれ以上の深い意味をもたせなかった。対象となる人については、自身の障害を軽度障害、たいへんな障害ではなく軽い方に入ると考えている人を知人の紹介や軽度障害ネットワークに所属している人の伝手などを頼りに探していった。
　軽度障害者への調査をいったん終え、論文を書き上げた後も、いわゆるくさり方式で障害をもつ人を紹介してもらい調査を続けていた。重度でなければ軽度というような単純な図式ではなく、その間を漂っているかのような、重度とも軽度ともつかない人々、グラデーションのなかの人々がいるのではないかと考えられたからである。なにがどれくらい違うのか、なぜ違うのかに関して特にこれといった仮説をもっていたわけではない。
　現代社会では情報はその多くを視覚に訴えてくる。そういう社会のなかで情報の受信を制限されている人たち、視覚的なインペアメントが高い人たちの日常生活はディスアビリティも高いのではないかと以前は考えていた。ところが、筆者の周辺にいる視覚障害者たちは、いつも難なく日常生活を送っているようなのだ。インペアメントは高いが、ディスアビリティは思ったほど高くないようなのである。そうであるならば、グラデーションのなかの人々としては、彼／彼女らは最適の対象ではないかと考えた。視覚障害の友人から知り合いを紹介してもらい、その人から別の人を紹介してもらうというかたちで、視覚障害者にインタビュー調査をしていった。2009年7月から2010年5月までの期間に、第2章「インフォーマントのフェイスシート」に示したKさんからUさんまで計11人に話を聞いた。

上述したように、筆者の知っている視覚障害者は難なく日常生活を営んでいるようであった。そのため当初筆者の念頭には、視覚障害の人たちは「インペアメントは高いけれどもディスアビリティはそれほど高くはない人々」というイメージがあった。しかし、調査を終え、結果を分析してみると、当初の予想とはまったく違った人々の姿があった。日常生活において特に介助もなく過ごす彼／彼女らは、ディスアビリティを低下させるために介在させざるを得ないファクターが少ないという意味でも重度障害者とは呼び難い。かといって軽度とも言い難い。重度とも軽度ともつかないグラデーションのなかにいる障害者で間違いない。だが、当初筆者がもっていたイメージとは異なり、ディスアビリティは彼／彼女らの生活の位相によって高から低へ、またその逆へとさまざまに変化していた。

6-1　ディスアビリティは下げられる

6-1-1　物理的なディスアビリティ

　インタビューの場所にガイドヘルパー[1]と一緒に現れたのは、11人のうち一人だけだった。

　他の10人は、白杖[2]をついて自分で歩いてきた。ガイドヘルパーとやってきたMさんも日常生活では白杖を使うことがほとんどだということだった。盲導犬を使っている人はなく、以前使っていたけれども止めたという人が、一人いた。「視覚障害だと盲導犬というイメージが強いが？」という筆者の問いかけにKさん (47歳、男性、弱視→全盲) は、「やっぱり盲導犬の場合は、やっぱり御飯食べさせたり、大小便のそんなんとか病気とか、いろんな制約を受けますから。…(中略)…そんな邪魔臭さが嫌やから、杖で歩いている方がよっぽどええわとなるんですね」と答えてくれた。考えてみれば当然のことである。メディアに影響されるままイメージだけ先行させて、当事者の便宜を考えずに盲導犬が足りないのではなどと見当はずれ

第6章　ディスアビリティと格闘する

な心配をしていた筆者は、思わず赤面した。視覚障害者のうち盲導犬ユーザーは1,000人[3]くらいであると言う。それではほとんどの人が白杖を使って自由に歩いているのかというと、そうではない。厚生労働省の『平成18年度身体障害児・者実態調査結果』によれば、白杖を使って毎日自由に外出できる視覚障害者は全体の18.8％（厚生労働省、2008: 31）、つまり2割弱である。

　歩行訓練受けて、その先生に言われたのが、歩行訓練を受けたからといって、100％目的地まで行けるわけじゃないと。50％・50％、歩行訓練を受けて50％行けるけど、あとの50％は他人の目を借りていって初めて100％目的地に着くんですよと聞いて。歩行訓練を受けてないときは、すごく頼みづらかったんですけど。自分が50％できれば、あとの50％はそうやって頼んで100％になるんだったらば、50％できたらあと50％は頼めるようになりました（Ｓさん45歳、女性、中途障害：全盲）。

　Ｓさんは23歳のとき事故で失明している。事故直後はどん底だったと言うが、その後盲学校に入りなおして現在企業のヘルスキーパー[4]（企業内理療士）として働いている。彼女は友人たちと外国にも旅行すると言う。今回インタビューに応じてくれた11人は、全員自身で一人歩きができる。そうであればこそ応じてくれたとも言える。視覚障害者はＳさんのように、「50％は他人の目を借りて」歩く。一人歩きができるためには、努力も必要であるようだ。
　多くの視覚障害者は、ガイドヘルパーを頼むか、あるいは家族の介助を頼みに外出することになる。8割近い視覚障害者がその方法をとるのであるから、具体的な物理的障壁があるのかもしれない。歩道が一方向のみに進行するよう整備するとか、歩道には自転車は走らないとか、なんらかの具体策をとればもっと多くの視覚障害者の外出が容易になるとも考えられる。情報のほとんどを視覚に頼る社会であり、交通事情も激しさを増しているのだから、自身の努力だけでは難しい部分もあるのかもしれない。た

だし、そんな視覚障害者でも自宅内あるいは行きなれている場所等では自由に動くことができる。このように、物理的障壁は下げることができる。場合によってはかなり低くすることも可能である。

6-1-2　情報・文化的ディスアビリティ

　近年急速に普及してきているパソコンは多くの障害者にとって福音となった。テキストファイルを読み上げる音声ソフトによって、時間のかかる点訳を待つまでもなく本が読めるようになり視覚障害者の読書を画期的に変えた。携帯電話の普及によって、路線の乗り換え、目的の場所への案内などが容易になったこと等も視覚障害者にとっては大きい。そして、筆者がインタビュー調査を行ったのは大阪市内という都市部であったから、点字表示も点字ブロックも充実していて、文化・情報面での障壁も低い場所であった。

　視覚障害者のパソコン利用状況をみると、「利用する」と答えた人は12.4％、うち毎日利用する人は7.4％に過ぎない（厚生労働省、2008: 27）。年齢に関係ない調査での数字であることも関係しているのだろう。年齢の低い視覚障害者を対象にしたらもっと高い数字が得られるかもしれない。インタビューをした11人でも、毎日パソコンを利用する人は2人のみだった。今回調査した人たちの年齢は30歳から63歳までで、ほとんどの人がパソコンを使いこなせたが、たまには見ても毎日は見ない人が多かった。しかし、彼らも携帯は必需品だと言っていて、電車の時間など携帯で確認していた。ネット上では青空文庫など無料で読めるテキストが出回っており、その数は急増している。また晴眼者が読む墨字の本でも、本についている引き換え券を出版社に送ればテキストファイルを個人のパソコンに送信してくるシステムも、まだまだ一部ではあるが着実に広がっているようだ。新しい情報を早く手に入れることができるようになってきつつある。一方で「いままでどおり読書は点字の方が好き、落ち着くし」(Lさん52歳、女性、弱視)という人もいる。テクノロジーによって選択肢が増え、自身の好みで選ぶことができるのはやはり喜ばしいことだと思う。

6-1-3　制度におけるディスアビリティ

　制度上のディスアビリティとして欠格条項が大きな問題であることは第2章で触れたが、2009年大阪市が視覚障害者の保育士受験を拒否した件は新聞でも取り上げられ話題になった。それについては、後節で触れる。ここでは、欠格条項以外でインタビューから見られた制度上のディスアビリティついて述べる。

　制度的障壁にエスニシティという要因がからんだ問題として、谷間になっている無年金障害者の問題があることは前述したとおりだが、今回のインタビューでも、該当者が一人いた。

　　障害者年金、私はおりてないです。えっとね、私は韓国籍だったんですよ、以前。そんなんでおりてないんです。…(中略)…企業に就職するのに、どうしてもはねられたりした(外国人であるからという理由で採用にならなかった)っていうのと、で、まあ母も、おばあちゃんたちがずっともう日本にいるし、父ももう早くに亡くなってたから、父の方も、父の実家は韓国にありますけど、そっちに行くこともないし、私も日本で生まれて日本で暮らしてるし、もう向こうに帰ることもないやろうしっていうので、もう帰化したんです(Lさん52歳、女性、弱視)。

　帰化した時点で年金の加入要件を満たさなかった。Lさんはヘルスキーパーとして、大阪市内の大手企業に正社員として採用されている。勤続14年だが、昇進はなく月給も手取りで15万円程度である。

　障害者年金は大きく2種類に分けられる。障害基礎年金と障害厚生年金である。20歳前から障害等級[5] 1級2級といった重い障害に認定されている場合は前者、成人し職場で厚生年金をかけている期間に障害と認定された場合は後者を受給する。障害基礎年金は2010年度で1月に1級が82,510円、2級が66,008円[6]であり、扶養する子どもがいる場合一定金額が加算される。障害厚生年金は在職中の月収額に応じた比例報酬によって

年金額[7]が決まり、配偶者がいる場合一定額が加算される。Lさんは母親と二人世帯である。母親にまだ収入があるので充分やっていけており、Lさん自身はとくに不満を口にされることはなかったのだが、今後の生活を考えると不平等感は否めないだろう。

　第2章でも触れたように、制度上のディスアビリティでは教育も大きな問題である。今回の調査でもその問題は浮き彫りになった。LさんとTさんは、ごく軽い弱視である。Lさんは白杖を使うこともあるが、自宅周辺や職場近くなど歩きなれた場所では白杖なしで歩くことができる。Tさんは白杖なしで歩ける範囲がLさんよりも広いが、ふたりの障害に大きな差異はない。Lさんは52歳、Tさんは30歳と世代の違いも進路に影響したのかもしれない。Lさんは盲学校に行き、Tさんは地元の普通校に進学した[8]。このことが彼らの進路に大きく作用した。Lさんにとって、将来は三療しか考えられなかったのに対し、Tさんは選択肢が多く大学に進学し、短期ではあるが留学も経験している。

　刈谷剛彦は近年の教育を論じるに際して、社会階層によってこどもたちの意欲が異なり、社会階層・上位グループの子どもほど学習意欲が強く下位グループの子どもは学校での成功をあきらめる傾向にあることを指摘し、それを「意欲格差（インセンティブ・ディバイド）」と呼んでいる（刈谷、2001: 218-220）。LさんTさんが生育した両家に階層的にも経済的にも大きな差があったわけではない。また、Lさん自身はむしろ進んで三療[9]の仕事を選んでいる。

　　（盲学校を卒業するとき）大学に行けって親は言った。でも絶対イヤやった。猫も杓子も大学か！？　大学を卒業して、わたしに何ができるんやろ？
　　それよりマッサージも鍼灸も好きだから、そっちに行きたいと思ったんです（Lさん52歳、女性、弱視）。

　しかし、盲学校を卒業し将来を選択する時に、選択材料を充分もてていたかというと疑問が残る。そして、盲学校と普通校では学力の差は歴然と

しているようだ。

　その学力差が、ひょっとしたら以前よりも大きくなってきてるんじゃないかなとも思いますけれども。これまでの学力、盲学校と一般の学校との学力差は、盲学校ではたいてい（の学生）が、将来は三療の仕事につくということを前提にしているので、大学受験とかは想定していないということが結構あったので、そういう部分の学力差がありますが。もう一つはそこにいる生徒、目の前にいる生徒に合わせての授業という授業スタイルになってしまうので、先生自体が勉強を引っ張っていくというよりは、その子に合わせるというような印象がありますのでね。少人数であれば少人数であるほど、何ていうか、その子に合わせてしまうので学力差が開いていくと。今、どんどん少人数化になっていますので、そういう意味ではその学力差が余計に懸念されるなというふうに思いますね。
　自分自身はその経験というか、実感の中で言いますと、高校3年生のときに某予備校の高校生科というのがありまして、そこに行きました。そこで問題集は点訳してもらってやったんですけれども、そうするとやっぱり勉強量の違いがわかる。問題集をやっていると、ああ、学校の中ではこんなんは勉強してなかったなとか、こんな知らんことがいっぱいあるなとかいうことがあったりとかして、そういう、自分自身では一生懸命やったけれども、まあその（自分が入学した）Z大学というのはそんな、言ってみたらそんな、何て言うんでしょう、すごく優秀なところというわけでは、その、ないわけでというか、まあ一般論から言えば。
　そういう意味では、その土台というか、やっぱり自分自身がこれだけやってZ大というのと、ずっと同じ量の勉強を確かに続けていればどうだっただろうというのはあったりはしますね。まあ、僕はこれでいいと思いますけどね、自分の学力に不満はないですけれども、まあそういう学力差を感じるということはあるなということですね（Pさん35歳、男性、弱視→全盲）。

Pさんは「不満はない」と言う。その言葉に偽りはないであろう。それはまた、盲学校から大学に進学するケースがたいへんレアなケースであるということを知っているからかもしれない。「2-2-2　ディスアビリティを構成する要素」のところで述べたように、2006年度の盲学校高等部本科卒業者数は299名で、そのうち専攻科（三療技術取得のためのコース）への進学者31％であるのに対し、大学等進学者は9％に過ぎない。視覚障害者の進路、職業選択の幅はまだまだ狭いようである。

6-2　ディスアビリティと格闘する

　見えなかったら、なんにもできへんと思ってはるんです。だから、わたしが（白衣に）着替えするところとか、ご飯食べるところとか、見てはる。「なんでもできますよ」言うんです。（Lさん52歳、女性、弱視）

　障害者に苦労が多いというのなら、その原因は彼らが障害を持っているからではありません。「障害者はなにもできない人」と大勢の人たちがなんの根拠もなく決めつけて、それを信じて疑わない社会のなかで暮らしているからです。（芳賀、1999: 157）

「障害者はなにもできない人」、身体に障害がある人のほとんどがこの偏見に反発し、苦闘した経験をもっているのではないだろうか。今回の調査では11人全員が就労していた。そして全員がやはりこの「なにもできない」という偏見と格闘していた。ある者は半ば諦めて距離を置き、ある者はあくまでもなんとかしようと悪戦苦闘している。そして、全員が自らの存在証明をかけて石川のいう「補償努力」（石川、1996: 173）を行っていた。
　ここではこの格闘を、第1章1-4-2に挙げた石川の象限図を参考に論じてみたい。

第 6 章　ディスアビリティと格闘する

　石川は図を示した後にこう述べている「社会が押しつける図式に従順に従ってどちらかを選ぶというのではない道、3『異化＆排除』にあまんじずに、戦略的な根拠としての4『同化＆排除』にひとまずとどまって2『異化＆統合』をめざし続ける道、どちらかに生き方を純化しないという戦略が有効なのだと思います」(石川、2000: 38-39)。石川は戦略的な根拠として『同化＆排除』にとどまるというが、もっと言えば、ほとんどの障害者はそこにしか居場所がないのが現状である。それでも「『同化＆排除』にひとまずとどまって『異化＆統合』をめざし続ける道」、ディスアビリティとの格闘から自由になる方法は、そこにしかないのではないかと筆者も考えている。

6-2-1　統合に距離をおく

　Kさん、Lさん、Sさん、Tさん、Uさんの5人は、「なにもできない」という偏見に距離をおいている。決して偏見を受け入れているわけではないし、さらなる同化に向かうのでもないが、積極的に打開していこうという姿勢もとらない。
　Kさんは20歳のとき失明した。

> 　僕はもう見えなくなったら、もう何もできない人間になるから、死ぬしかないとしか思ってなかったし。…(中略)…それで、ライトハウスに4月からいざ行くという日に、…(中略)…そのいざ行く日、嫌で嫌でね、そこ行くのが。そこへ行くことによって、何か自分もこれも言葉悪いですけど、自分もめくらの仲間入りにさせられるみたいな、僕は違うんやいうて。自分は相当見えなくなっているんですけれども、そんなん嫌や、もう嫌で行く日の朝、自分の部屋で泣いてました。それでも行くしか仕方がないというのがあって行きました。(Kさん47歳、男性、弱視→全盲)

　当初は、自身を障害者にカテゴライズされることにそれほどの拒否反応を示した。障害者は「何もできない人間」であると考えていたから、そこ

にカテゴライズされるのを拒否したのである。しかし、ライトハウスで歩行訓練を受け盲学校で三療の資格を取りという過程を経て変化する。Ｋさんは「もともと貧乏やったというのがあって、とにかくやるならお金も稼ぎたいしというのがあって」初めから開業を目指しており、資格をとって２年目にはもう開業した。三療の仕事が好きであったわけではない。割り切って「やるならお金を」と考えた。

　11人のうち三療の仕事をしているのはＫさんＬさんＭさんＳさんの４人だったが、自身にその仕事が向いていると思って選んだ人はＬさんひとりである。Ｍさんについては次節で述べる。Ｋさん、Ｓさんは割り切って選んでいた。こうして、まずは自身で生活をたてていくことを優先する。「なにもできない」障害者ではなく、ひとりの社会人として立っていくことを考えた。

　　例えば絶対とは言い切れないですけど、世間一般的に視覚障害者の男と健常者の嫁さんが一緒になる、つき合うなり一緒になる場合、まあ僕が知ってる限りでも、数多くの場合は優しい。視覚障害に、何ていうか理解があるか何か知らんけど、健常者の嫁に対して、どない言うの、お世話になりながら一緒になっているというパターンが数多くあります。僕ね、その形が一番嫌いなんです。それまで独身の間、一生懸命歩いとった、一人で杖で何とか歩いとった人間が、結婚した途端、もう嫁さんとばかりしか出歩かないようになるのがほとんどなんです。もうそれが最も嫌いなパターンです。家のことでも何でも嫁さんにしてもらって、まあ、それが逆に女としては内助の功なのか、そういうのをしてあげることがまた喜びになっているんかもしれないですけどね。うちの嫁なんかでも、ある種そういうところもあるんです。僕がどこかに行く、最初のころなんか特にどこかに行くと言うと、「そしたら私もついて行くわ」とかよく言われました。僕はわざと相当拒否しました。…（中略）…だから、そういうのがごっつい嫌いなんですよ、僕。普通になりたいんです、普通にしたいというか。（Ｋさん47歳、男性、弱視→全盲）

第6章　ディスアビリティと格闘する

　「普通になりたい」というのはつまり、独り立ちしたオトナとして扱ってほしいということであろう。「お世話になりながら」は「一番嫌い」と感じるのは、社会人として毅然と立っている人間として当然のことであろう。だから、ある種共依存ともとれるような関係を嫌うのである。自立しないかに見える同じ障害者にいらだちを覚える。

　歯医者さんに行って、子どもに話すように言われるのはね。「えっ」て思いますね。（Sさん45歳、女性、中途障害・全盲）

　尊厳をもって立とうとする人たちには、健常者の庇護の視線、パターナリズムもわずらわしく感じられる。KさんもSさんも、おもねりたくない気持ちをもっている。彼らはそのようにして立っている。
　しかし、彼らの多くが立っているその足場は盤石とは言えない。Kさんの場合は自営であるから多少事情は異なるかもしれない。だが、晴眼者も加入してくるようになった三療の現場では、生き残りを賭けて競争が激化しているという。LさんSさんは、企業に雇われているヘルスキーパーという立場である。ふたりとも障害者枠で雇用されていた。障害者雇用の場合「昇給試験の対象にはならなかった」という話を多くの人から聞く。LさんもSさんもヘルスキーパーは社内にひとりだけであるため、部下をもたないからという理由で昇給の対象とならず、「入社２年目のOLと同じくらい（Lさん52歳、弱視）」の位置であり、給料である。Uさんは地方公務員で、実務は電話交換手であり、住民からの問い合わせや苦情を各部署に繋ぐ。すでに熟練しているので、仕事には自信をもっている。現場に配属されているのはひとりであっても、組合の働きかけで昇進できているという。Uさん個人は仕事に関しては現状に満足しており、今後の転勤や別種の仕事への希望もないようであるが、視覚障害の同僚の男性は別種の仕事を望みながらもなかなか叶わないようだと話してくれた。
　障害者雇用の現実は決して楽観できる状況ではないようである。平成

22年厚生労働省の最新データによれば、雇用率達成は過去最高の数字、実雇用率1.68％、法定雇用率達成企業は47％である[10]。しかし、データは雇用率達成状況を提示してはいても、雇用の形態については示していない。契約社員等のいわば直接戦力外として障害者を雇用する形態が多いのではないだろうか。筆者が出会えた人たち、彼／彼女らの周辺にいる障害者たちもほとんどが契約社員であった。

　その状況にも呼応して、仕事の場面で上昇を志向しても難しいのが現状である。だから、彼らは仕事以外の場面で自身の価値を補償しようとする。

　　Kさん：で、柔道ですね。その柔道をそこ（盲学校）で20歳のときに始めて、38歳に2000年、38歳のときにシドニーパラリンピックに出たんです。で、銅メダルですわ、僕は。
　　筆者：ああ、すごい。すごいですね。（紹介してくれた人から）聞いてなかったです。
　　Kさん：でしょう。だから、ここを聞いていなかったらね、あまり僕という意味がなくなる。それで、2004年のアテネ大会では日本選手団の旗手なんです。ハハハ（笑）。

　Kさんは柔道の他にマラソンもやる。スポーツはKさんの生きる糧となっている。友達もスポーツ仲間が多い。Kさんにとって、「ここを聞いていなかったらね、あまり僕という意味がなくなる」、自身の価値はそこにある。Lさんも体を動かすことが好きで、やはりマラソンをしている。毎冬のスキーも楽しみのひとつだ。Sさんも体を動かすことは好きだが、他に海外旅行という楽しみもある。彼／彼女らの価値は労働とは別の場面で補償される。

　　視覚障害者が理療以外の仕事をするには、三つの条件が要るんです。一つは学歴ですわ。大学行って、一般の会社勤めたり、一般の事務として勤めたり、それは形はいろいろあります。一つは、親も含めてのお金です

わ。要は資本さえあったら何でもできる。親の七光りで、そのまま親の会社を継ぐとか。…(中略)…もう一つが人脈ですわ。例えば、社会的に、例えば40、50代の、30代の人が会社とか何でもしてて、途中で、中途で悪くなったら、やっぱりそれまでのその業界でのいろんなつながりでまたやってみようとか、何かほか自分で独立してとかそんな人もいてます。だから要は、お金、人脈、学歴です。ずっと考えても、僕この三つがないんです、本当に。それで、だからライトハウスにおるときは、こんな三つとかそんなん考えませんでしたけれど、本当に何か大学とか行くんやったら、本当に勉強なんか全然してなかったし。でも、勉強してなくても、変な言い方、大学に行くだけやったら夜間でも何でもね。そのお金すらなかったし、うちは本当に貧乏でしたから。そんなん、全く何もない。それで、だから何もないんですよ。だから仕方なく盲学校に行って、理療に行って。それで理療科もやる気ないけど、生きていくにはやらないと仕方ないし。とにかく生きていかなあかんというのが大きかったから。それでやるには稼いだ方がええという発想もあったし、それでずっとやって。いまだに、だからほかの道を希望しています。ただ、もともと貧乏やったというのがあって、どうせやるなら一生懸命、お金も稼ぎたい。お金を稼ぎたいから一生懸命やる。だから、そういう意味で勉強も理療科に進んでから勉強も一生懸命やりましたし。頑張りましたよ、仕事も頑張りましたよ、本当に。ただ、本当に好きで頑張ってるんじゃなくて、もうそれは本当に僕はお金のためという感じですわ。だから、仕事に対する充実感というのは全くないですから、これが僕の人生最大の損ですね。男は特にもうかるもうからへん別として、職業に対して充実感のある人ほどうらやましいものはないと感じますね。(Kさん47歳、男性、弱視→全盲)

こう語れるほど、Kさんの気持ちは整理できているのだろう。三療の仕事についているLさんやSさんにも、盲人が三療以外の仕事に就くことについて聞いた。

できることであればいいと思うんですけど、何とか心理士、臨床心理士になった人もいますし、あとああいう福祉放送のＤＪというか、そういうのをやってはる人もいますし。視覚障害の人で、はい。結構そうやって広げていってるというか。私、京都のライトハウスに行ってたんですけど、その中の人でも目が見えないと理療科（を選択する）というのは嫌だという人は結構いてはって。そういう道を探したり、あと、今、結構ああいう福祉専門学校とか、そういうところで講師をやってはったりする人が多いというか。で、生計を立てている人がいてはったり。だから理療科、盲学校とかに行かずにという人が結構そのライトハウスの卒業生の中でもいてはるみたいで。でも、なかなかその三療、理療科だと仕事何とかなりますけど、ほかの職種となるとなかなか開拓していくのが難しいですよね。(Ｓさん45歳、女性、中途障害・全盲)

　Ｓさんは自身が三療の仕事に就いていることを「割り切ってますかね、生活のためということもありますから」と言う。「(他の仕事に就くことは)すごくたいへん」という言葉も出たが、ＬさんＳさんともに視覚障害者が他の仕事に就くことに肯定的であった。
　彼／彼女らは「同化＆排除」の位置にあることを感じつつ、尊厳をもって立つひとりとして、おもねるかのような生き方を潔しとしない。だから、さらなる同化に向かうわけではない。「同化＆排除」にとどまり現在の生活を維持しつつ、自らの価値を労働以外の場で補償している。

6-2-2　統合を渇望する

　ＮさんとＭさんは、自身の障害に対して一見両極端の反応を示すように見えるが、その根本は同じであろう。「同化＆排除」の位置にあることを感じつつ、統合への強い憧れをみせる。
　Ｎさんには大阪府内の図書館の朗読室でインタビューした。待ち合わせたのは図書館のある町の手前、ＪＲ線でふたつ前の駅である。会うとすぐ、２枚の名刺を渡された。１枚は勤務先のものであり、もう１枚には障害者

第 6 章　ディスアビリティと格闘する

支援のため在住の市町村からバリアフリー委員として委託された役職名が3つ書き込まれていた。待ち合わせ駅から一緒に電車に乗り、図書館に向かったのだが、その途中もＮさんはずっと話続けた。マラソン完走でラジオインタビューを受けた話、100キロマラソンを14時間以内で完走しメダルをもらった話をして、月桂樹が彫ってある金色の金属にブルーのリボンのメダルを見せてくれた。100キロマラソンを伴走してくれる健常者がいない悩みや「僕は忙しい」という言葉が頻繁に口をついて出る。聞きようによっては自慢話ととれなくもない。朗読室に入ってからも、Ｎさんは饒舌だった。

　Ｎさんは「物心ついたときから視力は0.1しかなく、夜は見えなかった。だから3歳ぐらいのときにもう映画館に連れて行かれたら一歩も歩けなかった」し、「小学校1年生入ったときは、もう一番前の席に座ってやっと黒板の字が見える」くらいの視力しかなかったが、「盲学校というのは全く見えない人が行くとこ」であり、「点字というのは全く見えない人がするものだ」と思っていたので、普通校に通い大学に進学した。白杖を持たないと歩けなくなったのは、10年ぐらい前39歳くらいのときからである。

　　僕は、要するに大学を卒業して就職するときにね、やっぱり普通に就職活動できなかったわけですよ。面接に行って、「実は目が悪いんです」言ったらそこで終わりですからね、営業もできないしね。大学の医療センターとかいろいろ相談しに行ったら、いや、障害者枠というのがあるんですよと。そのためには障害者手帳というのをきちんと取得してね、あなたの場合だと取れますからということで、それで4年生のとき取って。それで就職活動したんです。まともにね、普通の人と勝負できないから。頭は勝負できても、行動はできないでしょ。僕はもう合理的に考えるしかないと。要するに、見えるより何よりも自分で働いて生きていかなくちゃいけないというのをずっと思ってたから。（Ｎさん49歳、男性、弱視→全盲）

　Ｎさんは出身県内でも「南部の方では一番難しい進学校」である高校を出

た。受験のときに配慮などなかった時代であるが、関西では有名な私立大学に入った。そして、障害者枠ではあるが、一流企業に勤務している。上記の発言にもあるとおり、「頭では勝負できる」という意識がかなり強い。晴眼者に負けないという意気込みを、力を込めて話す。

　視力が落ちちゃってね。で、また仕事の幅がちょっと衰えてきたんだけど、(当時の仕事であった)移転プロジェクト(の内容がこまごましたところまで)全部、頭の中に入っとったから、見えなくてもすいすい走り回れたんやね。全部11階建てのビルが全部僕の頭の中に入ってるから、どこにどういうものがあってとかね。それで社員もたくさんいるから、僕のできないところはこれやってくれと、みんな指示できたから。それで余り不自由はなかった。いや、僕は障害あるけども、障害やからどうのこうのじゃない、いつも強気やから。(Nさん49歳、男性、弱視→全盲)

　そして、努力は人一倍する。見えなくなって会社でも「できることが減ってきた」(本人談)頃、パソコンを購入し自分で使うことを覚え、同じ頃点字を学び始める。

　聞いたらライトハウスはお金を取られるんですよ。府視協ってね、大阪府視覚障害者福祉協会、こちらの方でも教えてくれる。でも、土日はだめ。で、会社の部長に頼み込んで2時間だけちょっと抜けさせてもらえませんか。で、毎週水曜の午後ね、2時間だけ抜けさせてもらった。それで行って、普通ね、点字なんか1年、2年かかるんだって、マスターするのにね。ほんで指で感じなあかんでしょ。そんな1年、2年もね、仕事抜けさせてもらえへんから、もう3カ月でみんなマスターしたんですよ。もう2カ月目には天声人語読んでたもんね。毎週1回やったけど、100ページぐらい宿題出してもらって、帰ってきて毎晩夜読んで、わからんところはメールで聞いてね。パソコンを3月末に買ってそれでメールやった。で、半年後にエクセル・ワードをマスターした。これもずっと会社から帰ってきて夜ね、

第 6 章　ディスアビリティと格闘する

独学で全部やったんやけどね。(Ｎさん49歳、男性、弱視→全盲)

音声パソコンで事務作業はほとんどこなせるようになってからも、周囲の偏見は強かったようだ。会社に自分のソフトを持ち込むことは禁止されているので音声ソフトの購入を希望するのだが、なかなか理解されない。

簡単な文章やったら誰でもできるからね、そんなん「できますよ」言っても自慢にも何もならへんからね。(そのソフトが有用だと理解してもらうのに)だから３年かかったね。部長もだんだん「どうやって点字入力するんか」、「いや、普通のローマ字入力ですよ、ブラインドタッチで」、僕は３日で覚えたからね。部長が(音声パソコンについて)何か聞いてくることが的外れのことばかり聞いてきてね。「いや、普通のパソコンに画面読み上げるソフト入れるだけなんです。ほか何にもしなくていいんです」言うのに、「ええ、それで何でちゃんと表がつくれるんや」言うからね、「いや、線もちゃんと二重線とかみんなに打ってくれるし」言うてもね、わかってくれへん。(Ｎさん49歳、男性、弱視→全盲)

結局音声ソフトの購入まで３年かかった。これと重なる期間、視力が著しく衰えてきた頃に、肩たたきにもあっている。

目が見えなくなってきた頃、人事課長から露骨には言われなかったけどね、「Ｎさんどうするんですか」と、「盲学校みたいなのもあるんだけど」とかね、そういうことを言われたこともありますよ。やっぱり当時でも、仕事だんだんできなくなってきたときには、ほかの障害持ったやつから「仕事がそんなできなくなって、まだ会社におるんか」みたいな言われたこともあるしね。でも、そんなん気にしとったらどうしようもない。そういうところをやっぱり乗り越えていくだけの精神力と、仕事に対してはきちんとやる、みんなと仲よくするということ、これをきちんとやっていかないと会社にはおれない。(Ｎさん49歳、男性、弱視→全盲)

121

個人的な努力は重ねている。しかし、入社して27年になるが、ここ20年間は昇進していない。音声ソフトで昇進試験を受験することができないためだと言う。視力が著しく衰えた時点で盲学校で三療の仕事を覚えることも考えたが、近年は晴眼者も三療の市場に参加してくるので、これから参加して生活していけるのか不安である。Nさんは現在の仕事を固守し続けるしかない。ちょうどその頃、体調に異変があり心境の変化があった。

できることはやってこうということで、見えなくてもやれることはあるやろ。で、視覚障害者でもできることと、視覚障害者にしかできないこともあるやろうと。で、視覚障害者でもできること、その一つがマラソン。で、視覚障害者にしかできないことでバリアフリー委員。(Nさん49歳、男性、弱視→全盲)

マラソンを始める3年前まで全く走ったこともなかったのに、フルマラソンに次いで100キロマラソンにも挑戦していく。そしてそれをこなす。在住市町村のバリアフリー委員でも、積極的に提言していく。

なかなか世間ではね、まだまだ視覚障害者は何もできないと思ってる。それと頑張るやつが少ない。…(中略)…僕が見えないから別に僕のこと無視してとか、陰で言ってる人はいるかもわからんけども、僕と普通に話しする人で僕を見下げたような言い方する人は余りいないからね。まあ言うたら僕の方が偉そうに言ってることが多いから、理論では負けないぞと思ってるから。僕はインターネット駆使していろんな情報も知ってるし、「Nさんの情報の多さにはびっくりする」といつも言われるからね。だから見えないから、自分がそうだからというのはないけど、ただいろんな話聞いてると、世間的には視覚障害者に対する評価は相当低い。だから僕も視覚障害者やから、初めね、低く見られるんよ。で、話してくと、「おお、違うな」、「すごいな」と思ってくれるんだけどね。(Nさん49歳、男性、弱視

第6章 ディスアビリティと格闘する

→全盲）

　前節でKさんが「仕事に対する充実感というのは全くないですから、これが僕の人生最大の損ですね。男は特にもうかるもうからへん別として、職業に対して充実感のある人ほどうらやましいものはないと感じますね」と言っていたように、労働は価値のある活動であり、他の活動とは違って、より社会的に意味がある行為と考えられている。そこでの評価が"一人前"の証となる。Nさんはやや過剰とも思えるほど常に強気に出ることで、価値の補償を求めているように見える。二度の結婚について語っていたときには、「女性には不自由せえへんからね」という発言まで飛び出した。

　（網膜再生の）治療法がね、進行中だから、…（中略）…少しは可能性あるのかなと。気休めかもわからんけどね、そういうふうでやっぱり眼圧、そういうのも定期的に測っておいた方がいいと、そういう意味で（定期健診に）行ってるんですよ。僕の行動にはすべて意味があります（笑）。何も考えんでも行ってる人とかいろいろいると思いますけどね。じゃないと行かないですよ、僕忙しいのに（笑）。（Nさん49歳、男性、弱視→全盲）

　決して晴眼者のように見えるようになると考えているわけではない。しかし「初めて行くところにはガイドヘルパーがいないといけないでしょ。それが0.1ぐらい見えるようになったら1人で行けるわけですよ。要するに日常生活に困らないようになったらいいなと思って」定期健診に行くのだが、ここでも他の人との比較をし、自身の多忙をかこつことで差異化を試みる。「頑張るやつが少ない」なかで、がんばっている自身を評価してほしい。Nさんにとっては、100キロマラソン等といった行為そのものではなく、その「がんばっていること」自体が補償努力なのではないだろうか。
　Nさんはもがくような渇きを感じている。「同化＆排除」の位置にいることを理解しているが、納得できないようだ。視覚障害でも大企業に勤務し、人並み以上に努力をしているという自負もある。障害によって行動は制限

123

されるが、能力を認めてほしいと渇望している。そして、がんばらない他の障害者にいらだちを覚えている。「障害者全体の位置をあげないといけない」という発言もあった。ともあれ、自分自身は「頭では勝負できる」つまり能力があるのだから、統合されるべきであると考えている、いや考えているというより渇望している。補償努力は人一倍している。健常者におもねりたくはないと考えている。だが、自身の努力に対しては充分な統合をもって応えてしかるべきだと考えているようだった。

　次に挙げるMさんは、今回のインタビューではただ一人、ガイドヘルパーと共に現れた。大阪市内のMさん自身が指定されたホテルの喫茶室で会ったので、初めてではない場所に介助を受けながら来られたことを意外に感じた。到着してすぐに聞いたので録音に残ってはいないのだが、ガイドヘルパーと一緒だった理由を聞くと「もしものときのため」と言われたと記憶している。
　Mさんも三療は嫌いだった。「盲人イコール理療科みたいに何か結びつけられるのが嫌で。でも、嫌でも、やっぱり自立していくためには何か収入を得なければいけないという結論に達しまして、自立をしたかったから」職業にし、家庭をもち、子育てもこなしている。照れ隠しでもあるのか、やはり全盲の男性と結婚したことについても「ネズミの嫁入りみたいなもんですね。結局ネズミはネズミと結婚するというか」というような発言をされる。
　子どもを産んだとき、障害が遺伝するという心配や不安はなかったかという質問をしても、

　　（自分の子どもは五体満足で生まれた方がよいという発言があり）何でそう思うかといったらね、自分のしてきた苦労は子供にさせたくないわけですよ。見えないことがいけないと言ってるんじゃなく、幸せになってほしいわけですよ。見えないから不幸せっていうこともないんですけどね。やっぱり何か、障害物というか、障害物は取り除いてやりたい。それは親の

第 6 章　ディスアビリティと格闘する

気持ちですね。だから、スムーズに世の中を泳いでいけるようにね。せめて五体満足なら、何か勉強したいことがあっても、調べ物もちゃんとスムーズにできるし。(Mさん51歳、女性、弱視→全盲)

といった反応が返ってくる。仕事の話になり、Mさんがヘルスキーパーとして勤めている会社でも最近マッサージに訪れる社員が少ないという話から、なぜか急に職業開拓の話に移った。

　一人で何個もの仕事を抱えてるOLさんがいて、だから(職場を離れてマッサージ受けに)行けないっていうのもあるし、上司の目を気にして出られないというのもあるし。そうですね。…(10秒ほどの沈黙の後)…何かね、職業開拓、何かやりがいのある、やっててやっぱり、じっとしてるのはやっぱりつらいですからね。何かこう、動いてたら忘れられることも、じっとしてたら余計なこと考えるから、ねえ。開拓、開拓いうても、私は思うんですけどね、最近保育士も運動してはる、してますけど、視覚障害者が保育士になるという運動をしてますけど、何でもなりたいなりたいと言えばいいものじゃないと思います、私は。あの、視覚障害者に保育士は無理です。…(中略)…そんなね、何でもかんでもね、それはなりたい、なりたいって言えば、権利とかって主張すればいいもんではないと思います。女子がお相撲になるとかね、何だかわけのわかんないこと言って、やっぱり分相応っていうのがあると思いますね。(Mさん51歳、女性、弱視→全盲)

Mさんは「人のお世話にならずにやれることの方がいい」という見地から、弁護士の仕事なども視覚障害者には無理だと言う。

　でも弁護士になってる人もいるんですけど、なってる人もいますけど、かなり人の手を借りてると思いますね。助手の人のね。でも、殺人事件なんかでも、包丁で刺したとしても、その角度とか血の出ぐあいとか、そんなのね、見てやっぱり、やらないといけないと思うし。(それは警察が調べ

125

ることだという筆者の意見にも）いや、警察だけじゃなく、弁護士さんも一々こう、一々何やけどこう、現場見に行ったりもしてますでしょう。（Mさん51歳、女性、弱視→全盲）

　部下を使うことまでも「お世話になる」ととらえ、終始保守的ともとれる意見が繰り返された。次項で述べるが、インタビュー当時大阪市が視覚障害のある保育士に採用試験の受験を拒否したことが話題になっており、Mさんは仕事の話の延長でこの事件を連想され、自身の主張を述べられたようだった。自立をしたかったから嫌いな三療でも職業にしたMさんであるが、職業開拓については、保守的であり、権利主張する視覚障害者を否定する。なりたいから権利を主張するのは間違っており、分相応を知るべきであると言う。Mさんのトランスクリプトをじっくり読み返していくと、「障害はあるが、普通に世間で生きている。ひけなどとっていない」という気負いが見え隠れする。「障害者にとって住みやすい社会になっていないですよね」という筆者の問いかけには、「そうですね」と答える。それは認めつつ、Mさん自身は分相応に生きており、波風立てるような真似はしていない。健常者社会の通念を忠実に内面化し、健常者社会の秩序に従おうとする。その秩序を乱すものには否定的である。穏健に生きる一市民として積極的に同化しているのだから、統合される位置にいると考えているようだ。Mさんにとっては、「同化＆排除」の位置にいることも思いもよらない不本意なことであり、それすら認めていないのかもしれない。

　前述のNさんの強気とは正反対の穏健な保守の立場に立っているが、同じように統合されるべきと考えている結論で一致する。Nさんは能力によって、Mさんは分相応な同化努力によってと理由は異なるが、統合への願望の深さには同質の通奏低音が鳴っていた。

6-2-3　統合への新しい可能性

　この項で論ずる人たちからは、オルタナティブな、新しい可能性の一端を垣間見ることができるように思う。

第6章　ディスアビリティと格闘する

　前項でMさんがこだわっていた保育士は、ここに挙げるQさんのことである。Mさんにインタビューをしたのが2009年8月30日、Qさんには10月23日に会ってインタビューをしている。特に意図したわけではない。当時大阪で視覚障害者と言えばQさんをはずすことができないくらいで、筆者のくさり方式での当事者インタビューにも紹介する人がいたのだった。2009年夏、Qさんは大阪の視覚障害者の間ではもちろんのこと、障害者の欠格条項をなくす運動をしている人たちにも、障害者問題に興味をもって成り行きを見守る人たちの間でも話題の人であった。

　2009年7月7日の毎日新聞関西版の夕刊は、一面冒頭に5段抜きで「受験資格あるのに、全盲女性門前払い―大阪市の保育士採用試験」の記事を載せた。関連記事が8面にも載っている。

　「国家資格の保育士資格を持ち、8年にわたる実務経験もある」女性の採用試験を、大阪市が拒否した事実を伝えていた。Qさんは、日本初の視覚障害を持つ保育士である。彼女のインタビューからは、障害者にとって「初」とはどのようなことなのかが如実に窺える。

　　自分は幼稚園、1年しか行ってないですけど、やっぱり地域の幼稚園でたくさんの友達と過ごしたっていう思い出がすごく鮮明で、だからね、盲学校に入ったら友達も少ないし、その友達を選ぶこともできないし、そのね、ほかにクラスメートがいたからその子と、それはもうその子しかいないからその子と過ごすわけであってね、普通の子みたいに友達を選んでとか、話を意気投合できる仲間がなかなか見つかりにくい環境のまま、だから席がえもなけりゃクラス替えもなけりゃっていうのでずっと過ごす、小・中・高と過ごすっていうのは苦痛でしたね。…（中略）…まあ盲学校にいるのは、自分は嫌だって思いながら育ってきましたから、もう外の空気を吸って外の世界を見るっていう意味で（実家のある田舎から）大阪府立盲学校に来た、だから18歳から大阪に出てきたんです。（Qさん31歳、女性、弱視→全盲）

「苦痛でした」「盲学校にいるのは、自分は嫌だって思いながら育ってきました」とQさんは言う。刺激のない、話し相手もいない学校生活は味気ないものだったに違いない。ただ、「幼稚園でたくさんの友達と過ごしたっていう思い出がすごく鮮明」であることの対比として盲学校の印象が語られているような気がしたのは、筆者の深読みだろうか。インタビュー当時話題になっていたこともあり、インタビューは保育士になりたかったこと、視覚障害者で初めての資格をとり仕事を続けてきた経緯に終始した。
　以下長くなるが、障害者がその職業に就くのは最初、なにもかもが初めてというケースについて、当事者の発言をすこし詳しく引用する。ここにあるのは、まさしく「ディスアビリティとの格闘」そのものである。

　で、大阪に来て、田舎ではかなわなかったこと、だから地域の普通校に（進学して）点字の使用（を認められているということ）、点字の人たちが（地域の学校に）行ってるっていうところを実際にもうその人たちと接して、で、点字の使用者でも大学に行ってるっていう人がたくさん周りにいてっていうのを知った。まあ知ったっていうか、その情報は田舎にいるときから知ってたけども、実際に本当にいるんだっていうのがわかって、自分もじゃあ（大阪府立盲学校の）音楽科を出たら大学に行こうと思って、そのときにやっぱり思い続けてたその保育の方面に行こうと思って、だから（盲学校の）1年生の秋にはもうその保育の方に行きたいという意志を固めて動き出してました。で、だけど今度は、幼児教育学科に行った前例というのが全くないんです、日本にね、盲人で。ほかの社会福祉系とか文系のコースはたくさん例がありますけど、幼教っていうのは例がなくて、大学自体がその受験を認めないっていうことで、前例がないから。だから、それでたくさん交渉したりとか、そういうことから始めて。もうまず近畿圏のその幼児教育の、保育関係、幼児関係のあるところをまず全部リストアップをして、で、リストアップをしても、まず通うっていうことが前提だから、辺鄙なところとか通学が明らかに無理なとこは受験認めてくれても無理じゃないですか。だから、そういうことを全部こう下見をしたりとか車

で行ったりとか、いろいろその大学を訪ね歩いて、ここっていうのをまず絞ってから、今度その交渉、連絡をしたりとか、オープンキャンパスへ行ったりして接触してっていうことなので、もうほとんど、大阪、奈良、京都、訪ね歩いてしました。

　だから、もう絞って訪ねただけで、それはもう全部連絡したのとかも入れたら、もう20、30とか超えます。で、断られたのも、ほとんど断れたりしてるんで、うん。交渉はたくさんしてますけど、どこも断られたりかして、最終的に（盲学校の）2年生、だから（盲学校の）音楽科の2年生、もう卒業の年の秋にぎりぎりでその京都の、実際進学したX短期大学っていう大学にたどり着いて、本当にぎりだから、もう試験間際、9月ぐらいに受験オーケーが出て、（受験）したんですけど、そこは当時結構、今はもう短大とか四大も随分入りやすい、定員割れしてたりしますけど、当時はまだ、もちろん行きやすい短大もたくさんあったけど、そのX短大っていうのは結構人気があって、6倍、7倍ぐらいの競争率があって、だからその先は推薦で（受験したけれども）落ちて、3月にも一般受験をして落ちて、だから落ちたまま音楽科を20歳で卒業して。で、1年予備校に通いながら勉強して、なおかつその1校だけだったら心もとないので、また学校探しをしつつ3回目の受験でX短期大学に受かって、それともう一個、奈良のW短期大学っていう、そこは初等教育学科だったんですけど、幼稚園と小学校（の教員資格）が取れる短大と受かって、まあ最終的にはXに行ったんですけど。もちろんそうです。だから、もう日本で初めてのケースです。

　なぜか（なぜほとんどの大学が受験を断ったか）といったら、やっぱりその講義だけの授業、社福であったり、文系とか、座って聞く授業に関してはいいけれども、幼児教育っていうのは実技がメーンっていうか、じゃあ絵をかくにはどうするかとか、体育的な運動とか、お遊戯、お遊戯っていうか運動。だから実技が、体育的なことと図画的なことと音楽っていうのは三つの実技があるんですけど、音楽はいいとして、その体育とか図工とかはどうするんですかっていうのをどこでも聞かれて、あとはその実習先とかが面倒を見れませんっていうことで、そういうことでもどこも言うこ

と一緒なんですけど、そういったことで断られてたっていうのがあって。(Qさん31歳、女性、弱視→全盲)

入学するまででも、ここまでの労力を要する。実際に希望どおり保育士になるまでも、たいへんな努力を強いられた。

　短大も2年間ですから、本当に入学の年ともう卒業の年と。慌ただしい中で実習をして。だから実習先とかも就職先とかも全部面倒見ませんっていうことで受験をさせてもらった形だったので、全部自分で探して。何かほかの学生はその関連、学校の関係の縁で実習したりとか、就職活動とかもできるんですけど、そういうとこにはもう立ち入らずに、自分で全部探しました。
　もう全部訪ねていくんです、電話して訪ねていって、受け入れてほしいっていうことで。でも、電話で言えることって限られてるから、もう本当に行って、いかにお会いしてわかってもらうか。だから、いきなり実習させてほしいとかって言っても無理やから、まずは園訪問の機会が欲しいみたいな、このランクを下げて下げて、じゃあどこまで下げたら受け入れてもらえるかみたいな感じで、ちょっとずつちょっとずつ割って入るみたいな感じで、はい。そういう多分やり方も学校探しに入って断られた経験を自分はしたから、多分そういうことが何か今後の就職活動とかもそうですけど、そういうやり方を身につけていったというか、経験がもとになってるんだなというのは後になって思うことですけど。(Qさん31歳、女性、弱視→全盲)

実習先が決まっても、着任する前に出かけて行く。

　(実習で困ることっていうのは)掃除はできるけど、箒のありかがわからないとか、雑巾洗いたいけど水道がどこにあるかわからないとかって、そういうことなので、そういうことはたくさん困りましたけど、それはもう

第6章　ディスアビリティと格闘する

　事前に、だから実習が始まる前に施設を見学に行かせてもらったりして部屋を把握したりとかっていうことはしました。(Qさん31歳、女性、弱視→全盲)

　実習自体は、2週間のみであるし、内容も子どもたちの様子を見ていることが多かったので、さほど難なく乗り切れた。そして、次に就職という関門が待っていた。

　だから本当に大阪に出てきてからそういうことが、一遍に動き始めたというか。21歳で短大入って、23に卒業して、もう言ってしまえば、大人になってからの出来事ですね、だから。いや、もう楽しくはないですね、もう必死やから楽しむなんて余裕はないですけど、ただやめたらここで全部が終わるから食い下がらなければという、それだけでしたね、だから。(Qさん31歳、女性、弱視→全盲)

　それほどの意気込みだったが、就職活動に苦労する間もなく卒業と同時にあっさり就職が決まった。しかし、そこに落とし穴があった。

　就職活動して決まってたんですけど、実はそこは1カ月半でやめていて、えっと、今の職場が二つ目の職場なんですけど。だから卒業した年の9月から今の職場に入って、今、9年目なんですけど、はい。(最初の職場はどうして1カ月半でやめたのかというと)えっと、採用の目的が、マスコミ大好きな大きな施設だったんですけど、そういう、だから私に仕事をさせようと思って採用したんじゃなくて、その取材とかっていう、まあ日本で最初っていうのもあったので、そういうことが重なって、もう1日にたくさん、3つも4つも新聞、テレビ、雑誌とかが来て。で、私はずっとこんなことで終わるんだなっていうのがわかったから、もうやってられないわと思って、やめるんだったら早い方がいいと思ってやめたし、…(中略)…　それはトラウマになってますね。(Qさん31歳、女性、弱視→全盲)

131

残してあった資料を見せてもらった。取材陣は錚々たるもので、テレビ局では在京のキー局が名を連ねており、雑誌も有名誌が並ぶ。Qさんが大学を卒業するときには、「今春卒業した全盲女性、保育士の夢つかんだ」として新聞に記事が載っている。彼女を雇った施設にすれば、格好の広告塔であっただろう。

　いや、だからそれ（次の就職先である現在の保育園）も就職活動とか実習を探すのと一緒で、いきなり就職させてくれとかお金をくださいっていうのはなかなか難しいっていうのがもうわかりますから、最初はもうボランティアとして置いてほしいっていうような交渉から入って、そこから徐々に居座って正式に雇用。今も非常勤保育士、契約保育士、だから1年契約の更新で今に至ってるんですけど。（Qさん31歳、女性、弱視→全盲）

　「今は保育園も正職が少なくて契約の人が多い」と言う。しかし、彼女はボランティアから始めたのである。「仕事をすることができる」ことを示した後で採用になっている。この不況の中である。健常者でもボランティアとしてまず入るといったケースはありうるのかもしれないが、彼女がボランティアから雇用にいたったのは9年前である。不況はいまほど深刻ではなかった時期である。視覚障害としては「初」、未知の世界へ挑もうとする彼女のハードルはいつでも高い。
　契約社員であるから、年金と合わせて生活できるくらいの収入しかない。それもあって冒頭の大阪市の試験を受けたいと考えたのだった。

　そこにいるけれども、いったって1年契約ですし、来年の仕事のめどがないわけですよね。っていうのが不安もあるし。で、今の保育園も別にいられますけど、やっぱり自分が目指す保育観に合ってるかっていうと、やっぱり合ってはないんで。すごい大都会のど真ん中の保育園ですので、門を一歩、扉があけばびゅんびゅん車も通るし、子供も多いんですよ、物す

第6章　ディスアビリティと格闘する

ごく。だから危険とかリスクとかも高いので、やっぱり責任、自分はじゃあ正職員にも試験を受けたらなれますけど、これ以上の責任はとても負えないなっていう感じであるので、やっぱり将来ずっと続けていく場ではないなっていう思いはもうずっとあって、ただ、その最初の（1ヶ月で辞めた保育園）の例からして、自分は5年はやめるわけにはいかないと思ってやってきて、履歴書ね、見せて、すぐやめる人だと思われたくないので、まあ5年は頑張ったけど、それ以降っていうのは。だから、もう就職してたけれども、常に就職活動というのをずっと続けてきてて、その中の一環として、別に公立の保育士でなければならないことはないけれど、一つの可能性として（大阪市の試験を受けたかった）。

　で、その大阪市の試験っていうのが、それも狭き門なんですけど、ただここ数年、2、3年っていうのが団塊の世代の方の入れかわりですごい採用人数が多かったんです。50、60人、毎年採用するって情報を去年知って、やっぱりそれだったら可能性が随分あるので、受けたいと思って希望して動いてきて受けたんです。先日受けたんですけど、ただ今年からはもう採用人数5人になってて。（Qさん31歳、女性、弱視→全盲）

2009年7月29日の毎日新聞夕刊は、大阪市が受験を認める方向であることを報じていた。10月18日Qさんは受験した。結果は不合格だったようである。今回は受験を認めさせるためにマスコミを使った。トラウマになっているので、それ以外ではマスコミを使いたくないと言った。

　都会の真ん中の保育園で働き続けることは難しいと考えているようだが、仕事をこなすための工夫や注意は、並大抵ではない。絵本には点字のシールが貼ってあり、指でなぞりながら読めるように工夫してあるのだが、そのシールは逆向きに貼ってある。子どもたちに絵が見えるようにとの工夫だ。子どもの声、手の感触、髪型やしぐさ、匂いなどで子どもを見分ける。「部屋の限られたスペースの中に子供が何をしてるかって、物音とか気配とかでは大部分のことが把握できると思います。ただ、黙って髪の毛を引っ張ってたりしたら、それはわからないですけど」。だから、会話を多く

するようにしている。慣れもあって、ほとんどのことはわかるし、仕事に支障はきたしていない。

　そういう今回のこと（大阪市の受験拒否報道）になったんですけど。そうなったときに、まあ（mixi等インターネットでの）いろんな書き込みとかでは、例えば災害が起きたときにどうするんだって、保育園で地震とか火事があったときに、子供の手も引いて、子供も背負って周りの現場の人たちは逃げないといけないのに、その保育士の手まで引いて逃げられるなんて、そんなことはあり得ないとか、そういうところに自分の子供は預けたくないとかっていうとか、実績が８年とかってあるって書かれているけれども、それは周りの同僚たちがその彼女のできない分を請け負ったから、彼女はそこにのうのうといられたんだみたいなこともたくさん書かれてましたけど、まあそれも当たらずとも遠からずというか、それもそうだと思うんです。やっぱり周囲の人がカバーもしてくれているから今に至ってるっていうのも、私はそれで感謝もしてるし、できないこともあるだろうってたくさん書かれてても、そのとおりだなってこともたくさんあるし、まあいろいろ書かれて、決してその気分いいわけじゃないですけども、それもそうやって自分の子供を預けるに当たって、やっぱりそんなとこに預けたくないっていう気持ちもものすごくわかるし、じゃあ危険があったときにどうするんだとかって思われるのももっともだと思うし。
　そうなんだけども、やっぱり今回そういう記事になったときに、自分のクラスのお母さんたちとか、その今までかかわったお母さんたちとかはすごく憤慨をしてくれて、だから世の中の人、私の知らないとこで何を言おうとも、やっぱり一番私のそばにいるそういうお母さんたちとか同僚たちはやっぱり理解をしてくれたら、それで私は充分だなと思って、まあもちろんちっちゃい子なんでその新聞のこととかは意味わからないし、そのことはだれにも私も話してないですけども、朝、保育園に行けば、それは私が子供を発見するよりも先に、子供たちは目が見えますから、遠くから私を見て名前も呼んでくれるし、ぱっと走ってきて飛びついてくれる子たち

がいたら、自分は何かそれで、ああ、それでいいんだなっていうか、知らない人たちはいろいろ言うけど、知ってる人たち、一番身近な人たちはやっぱり8年、9年過ごした、一緒に過ごしたならば、それなりの理解をちゃんと示してくださっているので、できないこともたくさんあるけど、まあでもそれは何か自分の努力が足りないせいじゃないじゃないですか、障害のせいでできないことってたくさんあるから、それはもうしようがないことだし、もうそれでいいっていうか、もうそれでわかってくれてる人がいるなら、もうそれでいいと思うしかしようがないっていうか、もうしようがないんですよね、最後は。だから。

　もしかしたらどこかでだれか、そりゃ心配したりってことはあるでしょうけど、特に私が何か子供に、私がいたから子供にけがさせたこともないですし、今はモンスターペアレンツって言われるぐらい物すごく苦情も親から、保護者からもみんな言いたい放題言ってくるような保育園ですけど、ありがたいことに私に対しての声はないですって、園長とか主任はおっしゃいますけど。それはうそか本当か知らないですけど。(Qさん31歳、女性、弱視→全盲)

前節Mさんの発言をそのままQさんにぶつけてみた。「視覚障害者から、保育士なんて勤まるのかという批判めいた発言はないですか」という質問にQさんは以下のように答えた。

　ああ、うん、ある。勤まるかどうかわからないけど、今までは勤めてきてるって言うしかないですけど、何か勤まるとは言い切れないですよね。やっぱりたくさん難しい、見えなかったら難しい現場ではあるんですけども、だから周囲が受験のときから懸念を示すように、子供は動き回るし、事故も多い現場でどうするのっていうの、実際もうそのとおりなんですけど、それ見えなかったらできないこと、できにくいことが多い現場ではあるけども、じゃあ逆に目が見えたらやりやすい仕事って、探す方が大変じゃないですか、普通に考えて。どんな仕事、例えばはりとかあんまの

仕事であっても、じゃあ見えない、障害のない人と全く同じの物質的な仕事量ができるのかって言われたら、できないですよね、やっぱり。コンピューターの仕事とか今はちょっとずつそういう仕事についてる人も多いですけど、じゃあ全く目の見える人と同じスピードで同じ作業ができるのって言われたら、そうじゃないじゃないですか。だから、どんな仕事についてもやっぱりハンディというのもしようがなくあるわけですから、それだったらもうどうせ人と全く同じことはできないんだったら、やっぱり好きな仕事についた方が自分の人生は得っていうか、何ていうんですか、自分の仕事をやっぱり同じつらい思いもするならば、好きなこと、好きな仕事についた上でのつらさなら耐えられるし。だから勤まるのって言われたら、勤まるかどうかそれはやってみないとわからないし、じゃあ私が勤まったからってほかのだれかは勤まるかどうかはわからないですけど、まあやってみたらっていうか、やってみるしかないよねって言うしかなくて、うん、そういうあいまいな返事なんですけど。

　じゃあ前例があったからって、もう何か今まで、「えっ前例があるかないかぐらいのことでそんなに違うの」ぐらいでなんか動いていきますけど、前例って本当はそんなもんじゃないと思うんですよね、ひとり（の人が）できたからってそのほかの百人ができるかって、そうじゃないと思うし、うん。前例ですごく励まされる人も多いかとは思うんですけど、前例があるってことでこう安心して何か気安くなれる仕事でもないし、まあ障害者に対する職の開拓っていうのはそういうもんだと思います、自分でやるもんだと思います、だから。どんな仕事でも、どんな障害の人でも。（Qさん31歳、女性、弱視→全盲）

　先陣を切って走った者ならばこその返答であろう。尻込みしていても始まらない。見えないという条件を受け入れて、その不利も引き受けたうえで、そこから始めるしかない。

　そうですね、やっぱり無駄、どうしても何かするのに時間かかるじゃな

第6章 ディスアビリティと格闘する

いですか、人を説得するのも時間かかるし、受験そのもの、今、大学入試を含めて時間かかるわけですから、何かをしようと思ったら、もうよっぽど先々見越して人の理解を得ていかないとやっぱりいけないので、いかにこう気持ちを絞って冷静にこう。だから無駄なこと、だから変な、ばかな夢は見ないんですけど（笑）、ちょっとでも何か可能性があったら、もう意志を貫くっていうか、そんな感じで考えてますけどね。（Qさん31歳、女性、弱視→全盲）

　インタビューの間一貫してQさんは冷静沈着、質問の的も外さない、その態度姿勢は実年齢よりずっと上に見えた。いつも時間を考え、現実と向き合い、努力を重ね全力疾走する。自分自身の望みのための努力であるのだが、息切れしないかと余計な心配をしてしまう。障害があって「初」であることは、頭脳も体力も目一杯で走ること、それほどにディスアビリティは高いのである。

　しかし、ここにはひとつのオルタナティブな答えがある。Qさんは「同化＆排除」にいることを良しとしない。異化の状態であるがままの自身が受け入れられ、統合されることを目指す。「同化＆排除」にとどまるだけでもなく、「異化＆排除」を目指すわけでもない。先陣を切る「しんどさ」をあえて受け入れながら、異なる者だが同等の役割を果たすのだから統合すべきであろうと言うのである。ここにいるのは一人である。運動という形で迫るものでもない。Qさんが「前例ですごく励まされる人も多いかとは思うんですけど、前例があるってことでこう安心して何か気安くなれる仕事でもないし、障害者に対する職の開拓っていうのはそういうもんだと思います」と言っているように、誰かの範になるためではない。自身の希望に忠実に、声高にではなく統合を求める。

　声高にではなく異化の状態のまま自身の興味が向くところで先陣を切る、もう一人の人に出会った。Rさんである。Rさんは地方自治体にカウンセラーとして採用されているが、本業以外の活動も活発に行っている。

そうですね。今、現時点では、ビオラは結構縮小してる状態なんですけど、この十何年で言えば、市民学生オケに入り、その後は市民楽団に入り、コンサートに出てというのをやっているのと、あとはもう1個、小さな会社と一緒にやっていることがありまして、その会社は、本業はインターネットのサイトをつくる、ホームページをつくる、そういうところの会社なんですけど、京都府のホームページやライトハウスのホームページつくっているような会社なんですけど、そこの人と一緒に視覚障害をＩＴを使って環境をよくする、また仕事になるようなことができないかみたいなところをやっています。
　…（中略）…アクセシビリティ研究事業という名前にしてるんですけど。今、外食に行くと、お店によっては点字メニューというのがあって、その点字メニューを広めようという動きがあるんですけど、ＩＴを使うと何ができるかというところの一つで、今みんな携帯電話を持ってるんですよね。「ドコモらくらくホン」、視覚障害者の人はもうそれなんです。これは画面上の情報を読み上げる、パソコンみたいに読み上げる携帯電話です。なので、携帯電話用のお店のメニューのサイトを見たら、メニューを見られることは見られるんですね。ただレイアウトなど、視覚障害者にわかりやすくはなってないので、わかりやすく統一したレイアウトでお店のメニューが見られる、そういうものをつくりました。（そして、それを配信している）。
（Ｒさん38歳、男性、中途障害：全盲）

ビオラは事故で障害を負う前からやっていた。現在は「軽く」しながら続けている。Ｒさんの言う「軽く」とは、以下のようなことである。

　通りがかりの人に手を借りることはたくさんたくさんあるけど、企画してもらったり、ボランティアの体制がしっかりできるとか、そういうところが（自分自身は）上手ではないと思います。それは考えとして、自分にとって目の障害は、また、人にとって目の障害はどんだけのものなのかとい

うことをやっぱり考えるんですね。そのときに、気軽に何かで解決できたら、それはその程度のものとして考えられるし、すごくいっぱいいっぱいつぎ込んで解決しないといけないんだったらやっぱり重い。それで、何を考えてるかというと、重くなるのにやっぱり抵抗、恐怖があります。たくさんのボランティアの人が要る、たくさんの手助けが要るってなることイコール、いろんな場面でやっていくのが難しくなるというような思いがあります。

　例えば、大学に入ったときにオーケストラに入りたかった、交響楽団。そのころちょうど、僕ビオラという楽器、趣味でやってるんですけど、上達遅かったんやけど、みんなと一緒に弾けるぐらいにはいける感触があって、やってみたいと思ったんですけど、そのときでも、入ったときにこんだけの体制と、これとこれとこれが要りますというのを持ち込んで入ったら拒否されるんじゃないかと。そんな体制はとれないし、うちではできないですって拒否される確率が高くなるというふうに、僕はそういう恐怖があるんです。そうじゃなくて、いや、もうこんだけですよ、これだけですって言えたら、そこで入っていける。社会はまだ充分に障害者に対応しない。表向きは対応しますということになってるけど。事実上なってないので、その場合、軽くした方がいいという。それでないと、やりたいことがやれへんというふうな思いがあります。本音で言うとありました。今は随分とやれることがわかったので、そうなると、まただんだんと、また年もとってきたので、だんだんと緩やかになってると思いますけど、それでも、ないかと言われたらあると思うのと、あと、そこまでして入っても、依然としてそんな簡単には受け入れられてもらえへんというのがわかってきたので、そうやって軽くして入ったところで、受け入れられてもらうことは、それでも非常に難しいということがわかってきたので、あんまり軽くする努力とか考えなくなっています。（Rさん38歳、男性、中途障害：全盲）

　あまり軽くする努力を考えなくなっていると言うが、毎回その都度楽譜をまわりの人に読んでもらうのは大変であり、それは「重く」なることな

ので、パソコンを使って聞ける楽譜、読み上げ文字で読んでくれる楽譜を作っている。

　本当に、自分の今とっている態度がいいか悪いかほんとわからないんですけど、ひとまず僕にはやりたいことがある。僕個人が充実するためにこんなことがしたい、こんなこともしたい。また、当然社会に対してある程度できることは、できる部分ではしてるつもりですけど、とにかく自分自身がやることも、なかなか運動とは僕は重なってないですよね。…（中略）…僕は、例えば今自分ができることは何かって考えたときに、実例として、よき前例としてあろうとは思ってはいるつもりなんですけど。（Rさん38歳、男性、中途障害：全盲）

　Rさんは、障害者運動をになうという方向ではなく、現在自分ができることですこしでも視覚障害者の生活を楽な方向に導いていければと考えている。「変革しなければならない状況に追い詰められたら闘わなければならないでしょうけれど」と言うが、闘うという方向に向かってはいない。健常者との差を常に意識させられながら、異質なる自己をどう溶け込ませていくかを考える。異化の場所にいる同じ視覚障害者の環境整備を考え、社会のためにできることはしていく。Rさんが示す方向は、「同化＆排除」の場所にひとまず身を置きつつ、異化された者の統合を支えるという方向性であろう。

　Oさん（63歳、男性、弱視→全盲）は、かつては運動家として名をはせた人だった。いまでも伝説のように語られるエピソードのある人である。70年代の運動を牽引したひとりでもある。しかし、現在は運動の前線には立っていない。定年退職した後、請われて在住している市内で「総合学習」を受け持ち、学校を回っている。前面での運動はやっていないが、障害者の実態をいろんな人に伝えていけると、Oさんは言う。「未来の社会を造っている」と自分では思っている。Oさんも、異化された者の統合をじっ

くりと支える方向に考えをシフトしているようである。

6-4　統合への願い

　本章では、重度とも軽度ともつかないグラデーションのなかにいて、ディスアビリティと格闘する障害者たちを見てきた。

　物理的なディスアビリティは低くすることができる、場合によってはかなり低くすることができることがわかった。情報・文化的ディスアビリティについては、テクノロジーの進化により障害者、特に本章に登場した視覚障害者はその恩恵に浴していると言えるだろう。これを駆使できれば、前節でみたＲさんのように起業することも可能であるし、社会貢献にも役立たせることができる。パソコンの普及率はまだ低いが、携帯電話は誰でもが持つ時代になっており、携帯電話でかなりのことができるようになっている。障害者の生活には欠かせないものとなっていくことが予想される。だからこそ、Ｒさんが試みているようなサービスがもっと多くなり活用しやすくなっていくのではないだろうか。テクノロジーが障害者の生活に及ぼす影響はこれからもっと大きくなっていくと予想できる。

　制度上のディスアビリティは今後も動かしていかなければならない。制度の谷間は、制度を制定した段階で必ずできてくるものでもある。制度をチェックし続けていく必要があるだろう。

　そして、この章からも見えてきたのではないだろうか。障害者は労働の場を得られたとしても、賃金は低いままに抑えられている。そのことが当事者の葛藤をうむが、一方でだから「なにもできない人」価値の低い人というレッテルを強化し、悪循環をうんでいると言えるのではないだろうか。

　物理的、情報・文化的、制度的といった面では、ディスアビリティは下げることができると述べてきた。一番やっかいなのが「意識上のディスアビリティ」である。本章では「障害者は何もできない人」という偏見と格闘する人々を、石川が示した象限図を参照しながら「同化＆排除」の場に

どのようにいるのか、どこを目指すのかを描いた。

　「同化＆排除」の場所に居続けるのか、そこからどこかに進むのか、どれが正しい道であるなどとおこがましいことは、誰にも言えることではない。スティグマを負う人々は、日々の生活のなかでその尊厳を守ることに必死にならざるを得ないことも多い。しかし、本章でディスアビリティと格闘する人々を考察して言えることは、彼／彼女らはこの社会の一員として尊厳をもって立っている。異化されたその身体のまま、統合されたいと願っている。そう願うことになんの不都合もないと考えるのである。

注）
1　障害者自立支援法に定められているサービスのひとつで、外出時に介護をする人のことである。視覚障害者の付き添い、車椅子利用者の外出介助などを行う。
2　主に視覚障害者が使う白い杖で、センサーの役目を果たす。
3　ホームページ「犬と人の新ライフスタイル情報ウェブマガジン」にある調査を参照した。http://www.onewave.jp/sparticle/43.php
4　ヘルスキーパー（企業内理療師）とは産業・労働衛生分野に理療の技術を活用するもので、理療の国家資格を持つものが、企業等に雇用されその従業員等を対象にして施術等を行う者の呼称。平成2年に旧労働省（現厚生労働省）が日本障害者雇用促進協会に「視覚障害者職域開発研究会」を設置し、ヘルスキーパー雇用に関するマニュアルを作成した。以降、障害者雇用促進セミナー等を通じてヘルスキーパー雇用に努めている。しかし、最近は不況の影響もあり減少傾向にある。
5　ここに言う障害等級は、障害者手帳の等級とは異なる。障害者手帳を管轄するのは厚生労働省であり、年金を管轄するのは社会保険庁であることが原因で、手帳の等級が1級でも年金が支給されないケースもある。
6　国民年金法30条、及び33条による。
7　厚生年金法50条による。
8　障害者の教育問題を取り扱う場合、特別支援学校に対して、地域の子どもたちと一緒に行く地域の学校を小学校、中学校、高校ともに普通校と呼んで区別している。
9　「あん摩マッサージ指圧師、はり師、きゅう師等に関する法律」に定められた3つの医業類似行為（治療行為）のことで、あん摩マッサージ指圧、鍼、灸

を指す言葉。
10 障害者雇用の最新データ（平成22年）では、雇用率達成は過去最高となっている。http://www.mhlw.go.jp/stf/houdou/2r9852000000v2v6-img/2r9852000000v2wn.pdf

第7章
称揚される物語と「自分らしさ」の陥穽

　本章では、障害見取り図で見た「ウ」の位置、インペアメントもディスアビリティも高い場所について検討する。まずここで用いる枠組みとこの位置がどのような場所であるのかについて述べた後、障害者に称揚されるようになっていった物語について述べる。

7-1　マスター・ナラティブとモデル・ストーリー

　ここでは、桜井厚が提唱するマスター・ナラティブとモデル・ストーリーという枠組みを使って探ってみることとする。あるコミュニティの物語、とくにマイノリティの形成するコミュニティの物語を検証していくのに、この枠組みは効力を発揮し、コミュニティの特色を浮き彫りにしてくれると考えられるからである。

　おなじカテゴリーがコミュニティの違いによってまったく異なったコンテクストで使われ、異なった意味を構成する。特定のコミュニティ内でそうした特権的な地位をしめる語りを、私はモデル・ストーリーとよんでいる。また、私は全体社会の支配的言説（支配的文化）を、マスター・ナラティブあるいはドミナント・ストーリーとよんで、社会的規範やイデオロギーを具現する語りに位置づけている。コミュニティのイディオムやモデル・ストーリーは、マスター・ナラティブ（ドミナント・ストーリー）と共振することもあり、逆に、対立や葛藤を引き起こすこともある（桜井、2002: 36）。

桜井はこのように述べ、おなじ「部落」というカテゴリーを発話するときを例に挙げる。「近隣住民や通りすがりの人の発話には差別や偏見が込められているだけでなく、あなたと私は『こちらのコミュニティの成員』ですよ、と多くの言葉を労さずとも一挙に了解される様式が存在する」とし、「解放運動のコミュニティでは、(中略) 差別や偏見と闘いながらたくましく暮らしている地域を表象したりする」(前掲：36) として、前者をマスター・ナラティブ、後者をモデル・ストーリーと説明している。本章では、この考え方を援用し、重度障害者の間で頻繁に用いられるイディオムが示すモデル・ストーリーを検証し、マスター・ナラティブとの乖離を示し、その乖離がなにによるのかを見ていきたい。

7-2　どのような場所なのか

　ここは、インペアメントが100に近く、かつディスアビリティも100に近い、どちらも高位置にある場所といえるだろう。ディスアビリティは可動的である。ディスアビリティは下げることができるのであり、重度障害者は軽度化する。もちろん、この位置にいる障害者についても同様である。確かに論理的にはそうであるが、実際には若干の問題がある。インペアメントが低い場合健常者により近い身体であることから、健常者仕様になっている現在の社会で、特に物理的な面でのディスアビリティを下げることはある程度容易である。しかし、インペアメントが高い場合、ディスアビリティを低下させることはできるのだが、低下させるために介在させざるを得ないファクターが非常に多くなってくる。例えば車椅子ユーザーであり、日常生活のほとんどの動作に介助が必要な重度障害者を考えてみよう。この人が朝からどこかへ出かけようとする場合を考えてみる。朝目覚めるまでは自身の行為である。しかし、その後の行為に介助が必要になる。身

第 7 章　称揚される物語と「自分らしさ」の陥穽

体を起こし、排泄をする。洗顔をし、歯をみがき、着替えをする。朝食を摂る。移動のために車に乗り込む、電車に乗るために切符を購入する。これらはすべて主体として障害当事者である彼／彼女が行っている。そうではあるが、ここにはすべて介助の人手がかかっている。駅の改札からホームまでエレベーターがあればそれを使うが、なければ誰かを呼び人手を増やしてホームに上がらなくてはならない。物理的なディスアビリティを考えてみただけでも、それを下げるためにかなりの時間と介助という資源が必要となってくる。

　介助は無料ではない。2005年の障害者自立支援法の成立で、それまで公費で賄われていた介助等の費用が現行の法制度では介助のために当事者である障害者自身が 1 割の費用負担をしなければならなくなっている[1]。重度障害者で日常生活のほとんどに介助が必要な人の場合障害者年金を受けられる可能性が高いが、年金の額は生活を賄うのに充分とは言えない。そのため重度障害者は年金と生活保護の併用で暮らす人も多いが、生活はかなり厳しい。そのなかから介助費用を負担するのである。

　　自立支援法は、健常者の作った法律で、そこに当事者の声は反映されているとは思えない。そこが、一番の問題。もちろん、法律自体の問題もいっぱいある。障害者同士の間に格差を生むし、障害者年金で生活している人は、すべてサービスについて10％取られる。だいたい、お金をくれて「自立してください」って言うならわかるけど、お金を取り上げておいて「自立してください」って言うのはおかしい。
　　自立支援法について、いい話を聞いたことがない。みんな、陰では文句を言ったり、不便な目にあわされたりしている。子どもさんが気管切開なさったお母さんは、滅菌ガーゼとか消毒に使う消耗品がしょっちゅう必要なのに、今は病院でもらえないものについては自分で買わなくちゃいけないようになったって言ってた。前は補助が出たから、自分でお金を出さなくてすんだのに。一つひとつは微々たる金額だけど、毎日のことになったら大きい。そういう話しか聞かない。

反対運動だって、たくさんやっている。法律ができてからずっと、デモをしたり集会をしたり、できる人は本だって出している。なのに、少しもメディアには取り上げられない (李清美、2009: 183-184)。

日々の生活のために最低限必要な身体介護や家事のための減らせない部分を残すと、外出などはたまの楽しみになってしまう。法制度のディスアビリティもここでは高くなっているのである[2]。

また第2章でみたように、文化情報面でのディスアビリティも低くはないだろう。文化情報面のディスアビリティを下げるのに大きく貢献するのは教育だと考えられるが、世界の趨勢とは逆の方向に歩んでいる日本は、いまだ分離教育を推進している。そのため、重度障害者は必然的に特別支援学校に就学することになるので、最終学歴が高校卒業までというように制限されがちである。その後の文化資本を獲得するためのチャンスが少なくなっているというのが現状であろう。そのような現状では、彼／彼女らの所持する文化資本は決して高いとは言えないだろう[3]。

そして、偏見や差別という意識上のディスアビリティも高いというのが実情である。

それから、医師たちが使う赤ちゃん言葉。たいていの医師が私に赤ちゃん言葉で話しかけてきます。それは、私にだけでなく、障害者なら幼稚園児から高齢者になるまで、ほとんどが赤ちゃん言葉で話しかけられます。

私は今年28歳、立派な成人女性です。私がもし健常者なら、赤ちゃん言葉で話すでしょうか。まるで子供のように扱われることに、毎回傷つくのです。

「あさみちゃーん、あっち行こうかー」

「はーい、痛くないよー」

私、ただ車イスを使っているだけ、少し人より喋るのが遅いだけなのに…。もし、あなたがケガをして車イスを使わなければならなくなった時、赤ちゃん言葉で声をかけられたらどう思いますか？

大人として扱ってもらえないことは、本当に多くて悔しくなります。介護者が常に付いている私のような障害者の場合、診断内容や薬の説明を介護者にだけ話すのです。まるで小学生の子供に付き添ってきた保護者に話すような感じ。でも、本当は私に話してほしい。…（中略）…自分をそこにいない人かのように扱われることほど悲しくて悔しいことはありません。それは、障害を持つ人も持たない人も同じだと思います（濱田朝美、2009: 164）。

　濱田の体験は決して特殊なケースではない。また病院という場所や医師という職業に限ってのことではない。可視的な身体障害者は必ずといっていいほど体験しているのではないだろうか。子どもに話すように話しかけられる、そこにいるのにいないかのように扱われる悔しさを語る人は多い。無視をするか、庇護の視線を与えるか、社会は重度障害者を排除するか、パターナリスティックに受けとめるか、両極のどちらかに傾いてしまいがちである。この位置にいる人々にとっては、マーフィーの言う障害のヒエラルキーはそのまま実感として受けとめられることだろう。

　インペアメントが非常に高いこの場所では、ディスアビリティも比例して高くなりがちであるということが言えるだろう。だからこそ、その状況を打破すべく、この場所にいる重度障害者たちが中心となって、障害者運動は展開されてきたのである。次節では、主に運動に関わる重度障害者の物語を検証する。

7-3　称揚される物語

7-3-1　カウンターストーリーの誕生

　重度障害者とくに彼／彼女らが展開した運動については多くの資料があり、さまざまに言及されている。本節では、彼／彼女らに膾炙されるに至った物語に焦点をおいて言及したい。

コンフリクトの時代、日本でも国際的な広がりをもった権利闘争の「最後の権利闘争」と言われた障害者運動が展開された。日本においては60年代後半から障害者運動が活発になり、青い芝等の過激な活動が世間の耳目を集めた。田中耕一郎は60年代後半から80年までを「支配的価値への抵抗」の時代であったと規定する (田中、2005: 31)。70年に起こった障害児殺し事件[4]、優生保護法改定反対運動[5]、府中療育センター闘争[6]を通じ、障害当事者が自身の権利に目覚め、社会のドミナントな価値観に抵抗する運動を展開していった。70年代は障害者運動の熱い時代であった。当時劣悪な条件で生きなければならなかった重度障害者が運動の中心にあり、語られるのも彼らの物語だった。この時期を描く代表的な書物は、横塚晃一が著した『母よ！殺すな』であろう。ここには、魂の底からとでも形容したくなるような、障害者としての自身を見つめ、社会と厳しく対峙する姿勢があり、論理がある。またこの頃 (1972年)、映画『さようならCP』[7]が製作され上映された。それまで脳性マヒ者を画像に収めようという試みなどなかった。この映画を観る者はいまでも、そこに登場する脳性マヒ者たちに名状しがたい不安を覚え、健常者中心社会でなんの疑問もなく暮らす自身の「常識」を揺すぶられるに違いない。抵抗の時代に、抵抗する者たちの物語は強烈な印象を残している。

　三井絹子『抵抗の証—私は人形じゃない』や安積遊歩『癒しのセクシートリップ』、小山内美智子『車椅子からウィンク』等は、この時代の抵抗の物語を生きた人々の証言でもある。これら当事者の手記や『自立生活運動と障害文化』(田中、2005)『生の技法』(安積純子・岡原正幸・尾中文哉・立岩真也、1990) に見られる障害者運動に、軽度障害者はほとんど、いやまったくといっていいほど見かけられない。

　筆者が行ったインタビュー調査でも、70年代には、障害が軽度と思われる人は重度障害者の介助者の役割をふられていたと証言を得た。運動のある時期に障害者と健常者が対立し[8]、障害者だけで会議を持とうという話になったとき、肢体不自由な軽度障害者である女性は、会場の外に出されたという経験を話してくれた。自分も障害者なのになぜ室外に出された

第7章　称揚される物語と「自分らしさ」の陥穽

のか、そのことに当時は違和感を持っていたと言う。しかし、彼女自身はその後も深く運動にコミットしていった。そのためか、軽度障害者が往々にしてもつ「どっちつかず」感 (秋風、2006: 24) は彼女には薄いようだった。この時期はドミナントな価値観への挑戦が前面にでていた時代であり、「障害者 vs. 社会」という枠組みで考えざるを得ない時代であったのだろう。重度も軽度も、男性も女性も「障害者」という大きな枠で括られており、重度／軽度の問題もジェンダーの問題も各々問題はあったにせよ、それを問題として提起するには機が熟していなかった。

　1980年頃から現在までを、田中は「抵抗から創出へ」の時代であると言う (前掲: 43)。この時期は、1981年の国際障害者年[9]を経て1983～1992年国連障害者の10年とも重なる時期である。国際的な気運も高まる中、日本では障害者運動がその様相を変えていく。70年代の運動を経験した重度障害者が海外に学び[10]、自立生活運動という思想が浸透してくる。自立生活とは、「日常的に介助＝手助けを必要とする障害者が親の家庭や施設を出て、地域で生活すること」(安積他、1990: 1) と規定されている。1970年代当時、施設は都市部から隔離された場所にあり、そこでの管理体制は厳しかったという。「施設での生活は規則規則でうんざりだったね…(中略)…最悪だった (安積、1990: 23)」。親の家庭には兄弟もいる。親も年齢を重ねてくれば介助は大変になってくる。また成人していく障害者を、排泄も含めて介助していると、親は障害当事者を大人と認めにくくなり、当事者はいつまでも子どもの扱いを受け、プライバシーもない生活を余儀なくされる。それでも、施設か親の家庭か、そのいずれかで暮らすしかないと考えていた当事者にとって、「自立」という言葉は眩く映ったことだろう。

　自立生活運動は1962年カリフォルニア大学バークレー校に入学したエド・ロバーツ[11]が始め、日本にも紹介され、障害者運動にその思想が徐々に浸透していった。1986年には日本初の自立生活センター、八王子ヒューマンケア協会発足する。また、運動は「80年代半ばから、自立生活支援のための障害者福祉政策も本格的に始動することになる。すなわち、障害者基礎年金や特別障害者手当等による所得保障施策、国のホームヘルプ事

業や一部の自治体における介護人派遣事業及び生活保護の他人介護料等による介助補償制度、国の身体障害者福祉ホームや自治体のケア付きグループホームとしての活用の制度化等による居住施策」(田中、2005: 45) 等を勝ち得ていく。田中は、70年代の激しい運動が抵抗告発であるならば、80年代以降は創出、具体的な実現であるとする。運動は差別告発から生活へ向かった。

　先に挙げた三井や安積、小山内等の手記や『自立生活運動と障害文化』『生の技法』に収められた当事者の記録は、抵抗の物語を生きた人々の証言という一面もあるが、むしろその後80年代以降の障害者運動を牽引した人々の物語と言える。後発の秀逸なノンフィクション『こんな夜更けにバナナかよ』[12]などはその系譜に連なるだろう。

　キーワードは「自立」である。ドミナントな社会通念すなわちマスター・ナラティブでは、障害者は庇護されるべき存在であり、お世話になる存在である。「自立」など到底不可能であり、「障害者の自立」という言葉そのものが考えられない時代であった。現在でも、お世話になる存在という考え方がまだまだ根強い。しかし、この間70年代から80年代以降の自立生活運動の中で、障害者コミュニティでは「自立」というイディオムは徐々に浸透していった。そして、自立生活運動の思想及びその具現化に至る過程で産み出され、やがて障害者、特に重度障害者に称揚されるようになっていく物語、モデル・ストーリーが形成されたと考えられるのである。それは、重度の障害があっても施設を出て、自分の介助体制を自身で組みながら地域に暮らすというものである。彼／彼女らは、自身の介助者やまだ自立していない障害者を教育する。記録に残る彼／彼女らはたくましく魅力的である。介助をする健常者も自立生活をする重度障害者に魅かれていく。

　そんな物語の筆頭に上げられるのが小山内や安積らであろう。彼女たちは皆、日常生活に介助の要る重度障害者である。70年代の青い芝の運動を経験し、運動の中で自身を否定する感情と闘い成長し、地域で自立生活を始める。そして、運動で知り合った男性と結婚、出産も経験して、今なお運動を牽引しているのである。70年代の青い芝の頃に端を発し、その

第 7 章 称揚される物語と「自分らしさ」の陥穽

後自立生活ということが言われるようになってから障害者の間に膾炙されるようになっていった「管理されないこと」への憧憬と実践、それを体現したものとして小山内や安積の物語が称揚され、喧伝されてきたと言えるのではないだろうか。

石川は、「誰もが苦もなくできること―たとえば見たり聞いたり走ったり、手を動かしたりするといった行為―が自分にはできないというのは、正直に考えてみればやはり残念なことです。目の前の甘いブドウに手が届かないキツネのように『できない』というのはとても悔しいことだと思うのです。障害者はその種の痛みをどのように乗り越えるのでしょうか。ふたつのことを試みると思います」(石川、2000: 30-32) として、①方法を工夫すること②意味を創り出すことをあげる。

小山内や安積らの物語は、重度障害者による意味の創出と言えるだろう。この意味はあたらしい価値観をもたらした。インペアメントもディスアビリティも高い場所では、方法を工夫しても生活上の選択の余地はあまりないのが現実であろう。そういう場所に、それまでの否定的な価値観を返上し新しい価値観をもたらす物語、「障害があっても地域で暮らす、結婚もし、子どもも育てる」という物語は喜びをもって迎え入れられた。障害者運動の内からうまれた、ドミナントな価値観、マスター・ナラティブへのカウンターストーリーであり、それが重度障害者たちのモデル・ストーリーとなった。

7-3-2 カウンターストーリーの現状

自立生活センターは 2011 年 12 月 20 日現在全国に 123 ヶ所[13]あるという。都市部ほど関係している障害者の人数は多いであろうが、規模はまちまちのようである。筆者が見聞している大阪市内では、障害者の人数が多いセンターで 30 人弱といったところだろうか。介助要員として健常者が出入りしている。センターの主な仕事は、介助サービス、ピア・カウンセリング[14]、住宅サービス、自立生活プログラム[15]である。

2007 年大阪のある自立生活センターで、スタッフとして働いている J

さん（32歳、女性、肢体不自由）にインタビューした。

　筆者：お一人（暮らし）で？立ち入ったことを聞きますけども、年金？
　Ｊさん：違います。障害が軽いんで、（年金は）でないんで、ここで働いてるお金で。（将来的には）今みたいに働くというのが難しいやろうなと思うんですよ。この５年とかで体力がぐっと下がってるじゃないですか、やっぱり。そんなんしたり、歩けなくなったりとかしたら、やっぱりもう難しいやろうなって思うんで、いずれは生活保護かなと思ったり。（勤務している自立生活センターが）財政難になったら、生活の相談、給料が出せないと言われたら生活保護かなとは思いますし。…（中略）…すごいことが起こるでしょうね、うちの中で。物すごい偏見ありますからね。他人のお世話になるというのが、やっぱりもうだめなんですよ。

　Ｊさんは障害が軽いと言うが、実際の彼女の肢体は身長が120センチくらいしかなく、手足も短い。そういう障害である。例えばドアノブの高さ、台所のシンクの高さ等々、既成の物では彼女の身の丈に合わない。自室では工夫によってそれもなんとかなるが、外では困ることも多い。歩くことも徐々にしんどくなっているので、しばしば車椅子を使う。そんな彼女が等級でいえば軽いとでて、年金の対象にならない。障害等級が、日常生活の不自由さの実感によって決定されるのではなく、医師が行った、画一的な計測に基づく意見のみによって決定されるからである。実態に整合的でない法制度が、当事者の生活を圧迫している一例であろう。
　彼女が自立生活センターから得ている月収は、充分生活できる金額であったが、立ち行かなくなったら生活保護を受けるという。重度障害者の雇用は難しく、実際のところ年金を軸に生計を考えていかざるを得ない状況に置かれている。Ｊさんが言うように、多くの親は生活保護を受けると言えば反対する。世間体が悪いということもあろうが、生活保護を受給するということは「人様のお世話になる」ことだという偏見が強いからである。

第 7 章　称揚される物語と「自分らしさ」の陥穽

大阪のような都市では、親元である実家のある場所から離れた場所にアパートを借り、生活保護で暮らすという方法[16]が採られるようだ。したがって、多くの自立生活センターでは、施設から出たい、親元を離れて独りで暮らしたいという希望をもっている障害者に「年金と生活保護で生計をたてる」という方法を薦めている。現状にあっては、実際的な「生の技法」である。また、そのような技法を先達から伝授してもらわなければ、施設や親元でしか過ごしたことのない、社会生活のノウハウをまったくと言っていいほど知らない障害当事者は途方にくれるであろう。現在、そういった方法がベストではなくともベターであることは、すこしでも障害者問題に関わっている人なら認めるところであろう。筆者も現実的な生の技法としてそれがベターであると考えている。しかし、自立生活という考え方が日本に輸入されてそろそろ四半世紀経つ。世界的不況のなか現状は厳しいとはいえ、なんらかのオルタナティブな方策を講じることも考えていかなければならないのではないだろうか。

7-5　「自分らしさ」の陥穽

　Jさんへのインタビューの際、筆者にはたいへん気になることがあった。「自分らしく暮らす」という言葉を、Jさんが何度となく使ったからである。大阪市内数ヶ所の自立生活センターをときどき訪れるのだが、そんなときにも「自分らしく」という言葉をしばしば耳にする。

　　筆者：これ（「自分らしく」という言葉）は、障害者運動の中で語られる語られ方というのは、私もよく知ってはいます。だから、それはわかるんですけれども、Jさんがどういうふうなニュアンスで使われてるのかなという…？
　　Jさん：自分らしい生活はね、何やろな。自分らしいでしょ。自由に生きるとか。25とか、22、23とか、20代の前半とかは、物すごく何

か好奇心があったりとか、何かやりたいとか遊びに行きたいとかという思いが強いし、あれやったけども、今は家にいることが多いんですよ。別に家が好きやということもあるし。人から見たらとか、よく言われるのは、何か私はもう家にいるのが嫌やとか、外に出る方がアクティブやとか、どうしても外にいる方が何かすごく、外にいて活発やとかというふうに言われるじゃないですか。でも、私は家にいます。家で自分を体を大切にするとか、休むとかということをやりますね。とか、遊びを断るとか、しんどかったらやめるとか。何か外に出てなかったら、何かすごい引きこもりとか、何かあんまりいいように思われないじゃないですか。でも、あえて言うんですけども、私は家が好きやから家におんねんと。だからって、家におってじっとしてるんではなくて、自分なりの楽しみをしてるとか。あとライブに行くのが好きなんですよ。必ずライブには行くとかね。絶対家にいるだけじゃなくて、自分の楽しいこととか体を休めるということを最近。これが今の自分らしい生活。自分がやりたい、人から見たらやってることがおかしいとか、それはアクティブじゃないとかと言われるんかもしれへんけども、自分はそれがいいと思ったことをやってるという。

筆者：それが自分らしい生活。

Jさん：(そんな)感じですね、自分の。

　話を聞きながらJさんの言う「自分らしく」の意味するところが、いままでの障害者運動で言う「自分らしく」という言葉といくぶん意味を異にしているような気がしてならなかったのだが、なぜそんな気がするのか、4時間に及ぶインタビューで最後までもうひとつ明確にはならなかった。インタビューのなかではっきりとしたことは、「管理されないこと」がJさんにとって一番大切なことであるのだろうということだった。それは、前節で考察した称揚される物語、ドミナントな価値観へのカウンターストーリー、すなわち重度障害者のモデル・ストーリーにぴったり合致するものである。それで一応納得したつもりになっていた。

第 7 章　称揚される物語と「自分らしさ」の陥穽

　しかし、Ｊさんに語られる「自分らしく」の意味するところと運動で語られる意味の違いを明確にできなかったのはこちらの質問の仕方に問題があったのかと、後々まで筆者は頭を悩ませてきた。「自分らしく」という言葉は、生活主体としての個人が集団に参与していく過程、すなわちライフステージの節目に現れるような言葉であるはずである。いかなる生活を選ぶかという選択の場面ででてくる言葉である。ところがＪさんたち若い世代の障害者で語られるこのイディオムは、どうもそうした意味あいを持っていないようなのである。彼女の言葉の意味するところは何だったのだろうかと、筆者は考え続けていた。

　だが、以下のような指摘を是とするならば、その違いが明確になるように思う。土井隆義は、現代若者の「個性」指向を「オンリー・ワンへの強迫観念」であると喝破する。

　　若者たちが切望する個性とは、社会のなかで創り上げていくものではなく、あらかじめ持って生まれてくるものです。人間関係のなかで切磋琢磨しながら培っていくものではなく、自分の内面へと奥ぶかく分け入っていくことで発見されるものです。自分の本質は、この世界に生まれ落ちたときからすでに先住していると感受されているのです。…（中略）…彼らにとって個性とは、人間関係の函数としてではなく、固有の実在として感受されているのです。…（中略）…ここには社会化による成長という観念が欠落しているように思われます（土井、2004: 25-26）。

　筆者には、Ｊさんの発言と土井が描く若者の姿が重なって見える。Ｊさんの言う「自分らしさ」は好みについて「自分らしさ」を選択するという話だった。それは、土井の言う若者たちの個性に通じる。「人間関係のなかで切磋琢磨しながら培っていく」種類のものではない。筆者が人間関係の函数、ライフステージの節目に出てくる言葉と考えるからわからなかったのである。

　70年代の運動を経験した障害当事者たちは、自身の価値を賭けた激し

い闘いを経過して自身の居場所を獲得した。障害者が社会に位置を持っていなかった時代、排除か庇護か、いずれにせよ他者に決定権がある時代にやっと得た場所だった。彼らは闘いから「社会化による成長」を経て、自らのアイデンティティを得た。しかし、その時期にあっては彼らが織り成す「自分らしさ」の物語は、一様にある方向性を示さざるを得なかったであろう。高揚した運動は「障害があっても」たくましく「障害者といわれて特別な扱いを受ける存在ではなく、あたりまえに」生きていく物語を指向した。「自分らしさ」は社会のなかで、人間関係の函数として創り上げられていき、彼／彼女らはそうすることによって社会化され成長していった。

　しかし、Jさんたち80年代以降に運動に関わった障害者には「自身の価値を賭けた激しい闘い」をする必要はない。所得保障やさまざまなサービスもある程度すでに手にしている今[17]、彼／彼女らには自身の存在を賭けて闘う必要がなくなっている。彼／彼女らは先達が示した軌道に沿って、いまでも同じスローガンのもと自立生活運動を担っている。自身の経験ではない、伝説の障害者によって経験された闘いの記憶を踏襲しているように筆者の目には映る。そんななかで、彼らは「人間関係の函数としてではなく、固有の実在としての自分らしさ」を希求しているのではないだろうか。

　では、ドミナントな価値観へのカウンターストーリーはすでに終焉しているのだろうか。筆者にはそうは思えないのである。自立生活センターはいまのところ一般社会との交流が頻繁とは言えない状態であり、ある意味社会から離脱した状態にあるように見受けられる。そういう場所では、社会の影響を受けることはあまりない。したがって、この場所にいる人々の状況は固定化され、場所の内部にいる人々も外部にいる人々もそれぞれの価値観を揺るがせられることがない。内部であるこの場所にいる障害者は、選択の余地なくこのカウンターストーリーを選ぶ、あるいは選ばざるを得ない。外部である健常者中心社会の方もまた、閉鎖的な場所の内部で展開される物語には寛容である。たとえパターナリスティックに障害者を見ていたとしても、大勢を脅かすことがなく自身の価値観を揺るがすこと

第 7 章　称揚される物語と「自分らしさ」の陥穽

のない物語であれば安心して受け入れ、称揚することができるからである。ここでは、マスター・ナラティブとモデル・ストーリーはその理由は全く異にしながら共振している。こうして、ドミナントな価値観へのカウンターストーリーは温存されているかのようである。

　二階堂裕子は大阪市生野区で参与観察を行い、「在日韓国・朝鮮人と日本人が混住する大阪市生野区で、地域福祉活動が誕生し、発展する過程」を、谷富夫の剥奪仮説、バイパス結合の理論をふまえて詳細に分析している（二階堂、2007: 133-163）。日本人集団と在日韓国・朝鮮人集団という「二つの下位文化は、それぞれ独自の異なった規範や価値観を有しながら互いに相容れない関係を築いてきた」(前掲：142)。にもかかわらず、1970年代からキリスト教会の活動を中心として障害者とその家族がコミュニティの人々と関わりあいながら生活をつくる拠点を作る運動へと、展開していく。日本人障害児の保育所受け入れ拒否に端を発して、谷の剥奪仮説に当てはまる状態すなわち「異なる民族と民族が協力し合わなければ共倒れとなるような切迫状況に陥った場合、ようやく手を結ぼうとする」状態になっていた日本人集団と在日韓国・朝鮮人集団が、互いの問題のために協力し合い連帯していった。「社会構造＝生活構造の中で『民族』役割以外のさまざまな地位―役割に基づく協働関係 (symbiosis) を迂回路として、その過程で互いの民族性を尊重しながら共同関係 (conviviality) を形成する、そういう〈バイパス結合〉の方向性」(谷、2002b: 721。傍点は谷による) が目指されたのである。この運動を支援した人々の中に重度障害者の作業所があった。そして1980年代には保育所受け入れ拒否にあった障害児らのために別の作業所を立ち上げることになる。こうしたネットワークの中で1990年代にはグループホーム、ヘルパー派遣センターが開設されていき、息の長い協働関係が保たれていくのである。地域福祉として成功した例と言えよう。

　自立生活センターは、「障害者を援けられるのは医者、OT、PT、カウンセラー等専門家だけだと考えられてきたかつての考え方を覆し、障害者自身がサービスの利用者から担い手に代わっていくこと」を目指している。自立の理念を掲げた運動体でありサービス事業体なのである（全国自立生活

センターHPの説明による）。障害者が障害者を支援するのであり、したがって事業内容もすべて障害者のみを対象としている。介助者として若い大学生などが出入りすることはあるとしても、障害者だけでなく誰でも出入りできる作業所などとは性格が異なり、障害者集団以外との紐帯を必要としない。大阪などの都市部にある自立生活センター間では緩やかな連帯とでも言えるだろうか、互いに顔見知りであり、全国大会などの大きなイベントがあるとき等には協力し合ってもいるようであるが、その理念、運動、事業内容から見ても地域と深く繋がり合うという機会は少ないようである。「障害があっても地域で暮らす」ことを目指してきたのである。施設や親元で暮らしていた障害者が地域で一人暮らしをする際にセンターに頼るのは当然であるし、センターとの繋がりだけで生活は充足しているのかもしれない。しかし、人間関係の函数は人々との繋がり触れ合いからしか始まらない。地域あるいは他の集団との協働関係を結べるような、なんらかの回路を模索していく必要があるのではないだろうか。

注）
1 『良い支援？』の8章は障害者自立支援法への卓抜な批判となっている。第2章でも述べたように、この法律は当事者またその支援者の強い反発を買い現在法改正が検討されている。
2 しかし、後述するJさんのように、逆にインペアメントが低いために法制度のディスアビリティが高くなるケースもある。インペアメントが低いために年金が受けられず、にもかかわらず就職が困難であるため生活に困っている障害者も多い。
3 もちろん個人的に高い教育を受ける人もある。近年では大学教育を受ける重度障害者も増えてきている。熊谷晋一郎のように脳性マヒ者でも医師免許を得ているケースもでてきている。しかし、そういったケースはまだまだ稀である。大学側の受け入れ態勢もいまだ充分とは言えないということは、第2章に記した。
4 加害者である母親に世間の同情が集まり、減刑運動が展開される中、殺された障害児の人権を問い減刑運動の矛盾を突いた。
5 1972年当事の優生保護法に「胎児条項」を盛り込んだ改定案が国会に提出され、実質「障害の発生予防」として機能するとして障害者から反対運動が起こ

第7章　称揚される物語と「自分らしさ」の陥穽

った。
6　コロニー（大規模施設）構想のもとに建てられた府中療育センターは劣悪な条件で障害者を非人間的に扱っており、当事者たちが抵抗運動を展開した。
7　CPとは cerebral palsy の略であり脳性マヒ者を指す。脳性マヒは、硬直、不随意運動などいくつかの類型があり、運動障害、言語障害を伴うことが多いが、個人差が大きい（安積ら編、1990: 23）。
8　1977、78年頃、障害者グループである「青い芝の会」は、介助を担い共に障害者解放運動を行うために組織された健常者グループ「関西グループゴリラ」を糾弾しゴリラを解散に追い込んだ。大学生の多い健常者集団であるゴリラが障害者運動の主導権を奪いかねないような事態が、介助現場でも理論でもおこっていたからである。このあたりの事情については、山下（2008）に詳しい。
9　「完全参加と平等」をテーマに、国際連合が制定し、以後1983〜1992の10年が国連障害者の10年、以後1993-2002年が第一次アジア太平洋障害者の10年、2003〜2012年を第二次アジア太平洋障害者の10年とし課題解決に取り組んでいる。
10　ミスタードーナツを運営するダスキンは、1981年の国際障害者年に財団法人を設立、障害者リーダー育成海外研修派遣事業を行っている。この事業で海外の福祉を学び帰国後リーダーとして地域の自立生活運動を担っている人も多い。安積、小山内もそうであり、社会学者の石川准もそのひとりである。
11　13歳のときにポリオにかかり四肢まひとなる。呼吸器障害も併発し生活は全介助となる。1962年カリフォルニア大学バークレー校に入学。家を探したがなく、大学構内にあるコーウェル病院（学生保健センター）の一室に入居し、ここで学生ボランティアを募り介助を受けながら、自身で生活するシステムをつくる。反戦運動，公民権運動にも参加。
12　渡辺一史が2003年に書いた、筋ジストロフィーの男性と介助者を描いたノンフィクションで、同年の講談社ノンフィクション賞を受賞した。ひとりの重度障害者というよりそれを取り巻く健常者の、虚飾のない日常を描いて秀逸であった。
13　全国自立生活センター協議会の資料から。http://www.j-il.jp/kamei/index.html　2011.12.24現在。
14　ここに言うピア（peer）は、お互い障害をもつ者どうしを指す。ピア・カウンセリングとは、お互いに平等な立場で話を聞き合い、きめ細かなサポートによって、地域での自立生活を実現する手助けをするための相談システムのことである。
15　施設や在宅の閉鎖的な場所で暮らしてきた障害者が社会の中で自立生活をしていくとき、生活技能を学ぶために個々人に合わせてつくられるプログラ

ムを指す。センター内の自立生活をする先輩障害者が、新しく自立生活を始める後輩障害者のために組む場合が多い。

16 この方法も東京・大阪といった大都市では可能であるが、地方ではなかなか困難な場合も多い。障害者がひとりで生活をすること自体が奇異の目にさらされ、生活保護でくらしているとなれば非難のまなざしはいっそう強くなる。その非難は親兄弟に向かい、彼らの体面を汚すことになるとして強い反対に合う当事者も多い。

17 筆者は決して障害者に対するサービス、制度、所得等々について、現在の状況が満足すべき状態であると言っているのではない。それが全くなく否定の中から勝ち得ていく時代と比べて、その質を議論する時代の当事者意識は異なってくるのが必然ではないかと問うているのである。

終章
無限ループから下りる方法（「異化＆統合」をめざして）

8-1 不可視化された人々

　第1章で見てきたように、かつてと言っても近代になり産業革命また市民革命によって身体が計測されるようになってからだから、たかだか約250年ほど前からであるが、障害者は不可視化されてきた。社会から排除され、隔離されて物理的にも見えないところへと追いやられていたのである。障害者が再び可視的になったのは、つい最近のことである。
　1960年代のコンフリクトの時代のなかで障害者も声をあげ、運動を行ってきた。結果、障害者もまた可視化されてきた。運動のなかでうまれた障害学の基幹である社会モデルは、インペアメントとディスアビリティを分離し、ディスアビリティを問題とすることによって明快に社会の責任を問うた。運動から始まったのであるから、戦略的にも障害が重度である者、介助が必要でありかつ生活の糧を得る方法がない人々といった社会的により不利であると考えられる者から顕在化していった。当時は日本でも障害者を施設入所という方法によって隔離するという政策が採られていたのであり、そこでの入所者の扱いは非人間的なものであった[1]。そしてちょうど学生運動が激化していた時期でもあり、障害者に共鳴する学生たちも巻き込んで激しい抵抗運動が繰り広げられた[2]。そのなかでは、障害が軽いと見られる人たちは大きな役割を果たしていない。筆者のインタビューでも介助が必要な重度障害者の介助役を担っていたケースがあったが、当時軽度、あるいは介助のいらない障害者は前面には出ていなかった。外見的に明らかに不当な扱いを受けていると考えられる障害者が問題の焦点になっていたのであり、そこまで不利ではないと考えられる者は後方に置かれ

ていた。「『より深刻な差別』の前に『取るに足りない差別』が沈黙を強いられ」(上野、1996: 208)ていたのである。しかも、そこではインペアメントは問われないことになった。社会モデルは、ディスアビリティを「活動の不利益や制約、メインストリームへの参加からの排除」とするとした。ディスアビリティを問うだけでは、障害が重度ではない人々は不可視のままである。決定的にディスアビリティが高いわけではないとみなされるからである。社会的障壁が重度障害者ほど明快に見えないのであり、そのため不可視となってしまう。こうして、障害が軽いと見なされる障害者はまたしても隠されていった。

1990年代イギリス障害学の論壇において、社会モデルにインペアメントが切り捨てられていることにフェミニスト障害者が疑義を唱えたことが契機となり、改めて社会モデルにインペアメントを組み込もうとする近年の動きがあって初めて、障害が重度とはみなされない障害者も可視化される機会がうまれたと言えよう。インペアメントがもたらすリアリティに再度目をむけ、ジェンダー、人種等も障害とからめて語るべきだという声がでてきた現在、それまで不可視であった者が可視化される基盤はできた。本書ではその上にたっていわゆる軽度障害者を含めた、重度とはいえない障害者、インペアメントが重度であってかつディスアビリティも非常に高い障害のある人と健常者の間にいる人々、グラデーションのなかにいる障害者に焦点をあてて生活史調査を行い、その意味世界を考察した。

重度のインペアメントを持ち社会と断絶されている障害者よりも、一般社会から断絶されてはいないけれども社会的障壁を感じつつ生きている障害者の方が、実際は多いのではないだろうか。その人たちはどう感じながら、どう生きているのか、それを知りたいと考えたのが原点であった。市井に生きる障害者の実態を明らかにしたいと考えたのである。

一般社会から断絶されてはいないけれども社会的障壁を感じつつ生きている、軽度あるいは介助の必要の少ない障害者がどれだけ実在しているのかについての資料はなく、したがって具体的な数字は不明である。ただし、公的な資料からある程度妥当な数字を割り出すことは可能である。平

成17年度の『障害者白書』によれば、身体障害者、知的障害者、精神障害者すべてを含む障害児・者の総計は655.9万人であり、うち身体障害児・者は351.6万人であるが、そのうち施設入所者は18.9万人にすぎない。現在では入所施設に隔離するといったかつての傾向は激減していると言えるだろう。データでは、18歳以上の在宅身体障害者は324.5万人であり、実に日本の障害者総数の49.47％を占める。ではそのうちの重度ではない障害者は、どれくらいいるのだろうか。本書は障害の重／軽を法律の定める障害等級に置いていない。したがって資料はまずないのだが、介助状況などでおおかたの見当をつけられるのではないだろうか。

　平成20年に厚生労働省社会・援護局が出した『平成18年度身体障害児・者実態調査結果』[3]には介助の状況という項目があり、障害の種類・日常生活動作別にみた介助の必要度が示されている。これを参考に日常生活動作の基本である、食事、排泄、入浴、衣服の着脱等の介助状況を見ていくと、食事に介助が必要な人は全部介助・一部介助合わせて障害者全体の総数の8.2％である。寝返りに介助が必要な人も同じく障害者全体の総数の8.2％であった。排泄に介助がいる人は全部介助・一部介助合わせて全総数の11.6％、入浴介助が全部介助・一部介助合わせ全総数の21.6％、衣服の着脱が15.0％、家の中の移動に介助が必要な人は全部介助・一部介助合わせ全総数の10.7％となっている。そして、これら動作に介助の必要な障害者は種別で言えば肢体不自由な人たちが多い。食事に介助が必要な肢体不自由者は全部介助・一部介助合わせ全肢体不自由者の12.0％、同じく排泄は17.7％、寝返りは12.9％、家の中の移動が16.2％となっている。家のなかを自力で移動できず、食事・排泄・寝返り・衣服着脱・入浴、こういった基本的な動作に介助が必要であるということは、かなりインペアメントが重い人たちと考えられる。

　視覚障害の場合は外出の際の介助が際立った数字を示し、全部介助・一部介助合わせて視覚障害者全体の43.6％となっている。しかしこれは第7章でみたように、視覚障害の場合、初めて行く場所には介助が要ることも多いことを考えれば妥当な数字であろうか。それも一度行けば再度の介

助を必要としない人も多いことを考えれば、実際に外出介助が必要である場合はこの数字より低くなる可能性もあると考えられる。聴覚障害の場合介助の必要度が高いのは、日常の買い物をするときで、聴覚障害者全体の22.9％であった。日常の買い物については、肢体不自由では全部介助・一部介助合わせて全肢体不自由者の43.7％となっている。障害の種別を問わず日常の買い物に介助が必要な障害者は、全障害者総数の34.6％であった。これらの数字をどのように読むかであるが、仮に日常の買い物に一部でも介助が必要であればインペアメントの重い人、重度障害者と見たとしても、上記のとおり全障害者総数の34.6％である。そして、日常の買い物に介助が必要な人のうちには当然のことながら食事や排泄に介助の必要な人が含まれていると考えられるから、在宅障害者で頻繁に日常的な介助を要する人は全体の約35％程度と見てよいのではないだろうか[4]。残りの約65％の身体障害者が、頻繁に日常的な介助を要しない障害者である。つまり、身体障害者の半数以上である65％の人々[5]がグラデーションのなかにいる障害者ととらえていいのではないだろうか。

　2006年（平成18年）厚生労働科学研究費補助金を受けてなされた障害保健福祉総合研究事業の『障害者の所得保障と自立支援施策に関する調査研究』[6]において、就労による所得格差、健常者と障害者、またジェンダーによる所得格差がでてきた。それによれば障害男性の就労率は男性全体の就労率89.3％に比べての64.9％に過ぎない。また障害男性の年間所得は、障害基礎年金及び障害に起因する手当を含めても、男性全体の年間所得の44.3％にすぎず、障害女性はもっと低い数字になっている。資料が少ないうちのしかも全体でみた数字なので、グラデーションのなかにいる障害者の実態として把握できる範囲とはずれが生じているかもしれない。しかし、障害者の所得が健常者一般と比べて非常に低いことは確実に把握できると言えよう。

　前述したように、身体にインペアメントのある人たちが「障害者」として社会に現れてきたのは、身体が計測されるようになった頃からである。計測は効率のためであり、資本が生み出す利益のためであった。したがっ

終章　無限ループから下りる方法（「異化＆統合」をめざして）

て、障害者は出現した当初から市場から排除されていたのであり、貧困と格差のなかにあった。現在も変わらない構図のなかにいる。障害者問題と再分配の問題はセットのように語られることが多い。再分配の問題は、やはり労働市場に参入できにくい重度のインペアメントをもつ障害者を対象に語られ、年金等の支給の要求といったかたちで現れる。その必要もある。そして、その支給額では決して充足しているとは言えない。雇用が望みにくい重度障害者は「年金と生活保護で生計をたてる」という実際的な生の技法に拠らざるを得ないのが現状である。一方で市場に参入可能な、実際に参入している障害者についての問題はいままで語られることが少なかった。上記、障害保健福祉総合研究事業の『障害者の所得保障と自立支援施策に関する調査研究』などは稀有な資料である。平成22年厚生労働省の最新データによれば、雇用率達成は過去最高の数字、実雇用率1.68％、法定雇用率達成企業は47.0％となっている。この数字だけを見れば、障害者の雇用は増加傾向にあり、したがって所得は伸びていると想定される。だが年間所得が示す数字は健常者一般のそれの半分以下である。両者の数字が描く現実はあまりにも乖離しているかのようである。どのような雇用形態で、どれだけの賃金で雇用されているのか、詳しい資料がほしいところである。本書の調査、とくに第6章に描いた人々の就労状況からは楽観的な予測はまったくできないが、障害者雇用の現実についてはまだ研究が緒に就いたばかりである。今後は資料も増え、その蓄積から様々な現実が浮かび上がってくることであろう。筆者も今後ともこの問題を追っていくつもりである。

　重度のインペアメントを負っているわけではない、グラデーションのなかにいる障害者、彼／彼女らの意味世界はこのような現状のなかで成り立っている。

8-2　通奏低音

　社会モデルの変遷にともなって浮上してきた問題を解くために、本書ではインペアメントとディスアビリティの両方で障害を見る試みとして、理念型としての「障害見取り図」を用いた。そして、ディスアビリティを形成すると考えられる構成要素として8つの要素を採用した。すなわち、物理的障壁、制度的障壁、文化・情報面の障壁、意識上の障壁（偏見・差別を指す）ジェンダー、エスニシティ、教育年数（学歴）、地域間格差の8つである。

　物理的障壁は最も下げやすいディスアビリティであろう。「目につく」のであるから、私的なエリアはもちろんのこと、公的なエリアでも、このディスアビリティを下げるについては高齢化社会である現在、多くの人々の支持を得ることもでき、財源を動かしやすいだろう。ここが下がれば介助の必要度も減少し、重度障害者は軽度化する。制度的障壁については、自立支援法の問題や教育の問題、年金給付の谷間の問題等を挙げた。教育に関しては、日本は世界の流れと逆行しているのであり、このまま分離教育を続けていけば障害者問題はいつまでも解決をみないだろう。経済的に下層に留まる危険性が高い将来を回避するためにも、教育の機会は拡大していく必要がある。教育の問題は文化・情報面のディスアビリティにも関わってくる。大きな問題である。意識上の障壁については、これが最も高いディスアビリティであることは、本書の全体を通じても理解を得られるであろう。だからこそ、当事者は葛藤するのである。

　以上のような要素の組み合わせを「障害見取り図」に照らし合わせてみた結果、ふたつの知見が得られた。まず、インペアメントとディスアビリティは連動しないことがわかった。障害は固定されたものではなくディスアビリティは可動的なものであることという知見がひとつ、そしてディスアビリティが可動的であるということは人為的にディスアビリティを下げることが可能であり、したがって重度障害者を軽度化することができると

いうことがふたつ目である。

　ディスアビリティは動くという知見からみても、障害という事象はグラデーションのなかにあると言える。

　そして、本書を通じて、重度／軽度に関係なく、障害者の間に通奏低音のように共通する意識があることは確認できたのではないだろうか。差別偏見という意識上の障壁、社会通念が与える視線については重度も軽度もなく共通しており、当事者は同じように痛みを感じている。価値剥奪の痛みに重い軽いはない。「なにもできない人」という視線への激しい反発がある。子どもに話しかけるかのような言葉かけへの反発は、どちらも経験していることであった。それは健常者のパターナリズムに他ならない。尊厳をもって立つ人々は、他者からの庇護の視線を嫌悪する。

　そのように価値を剥奪される痛みを経験した人々は、自身の存在を証明しようと努力する。それは重度も軽度も変わりはない。しかし、それは価値を剥奪するかもしれない他者との接触がある場合、つまりは社会に出ていける位置にあることが必要条件になってくる。ところが、重度障害者の場合その機会があらかじめ奪われていることが多い。通奏低音として共通しているが、存在証明にかりたてられるのは、障害が軽い人々の方であろう。社会にひとつの位置を占めることができるが、その社会は健常者中心に動いており、それゆえに常に異化された者という視線にさらされるからである。

8-3　グラデーションのなかで

　石川は「差別を繰り返し被った人びとは、激しい自尊心の損傷を経験する。損傷した自尊心は修復を要求して存在証明に拍車をかける」(石川、1996: 172) として、存在証明のパターンとして〈印象操作〉、〈補償努力〉、〈他者の価値剥奪〉、〈価値の取り戻し〉の４つを挙げる[7]（前掲: 172-174）。

　〈印象操作〉は、知られては負となる否定的なアイデンティティを隠し、

価値ある者と見せかけることであるが、本書が取り上げた障害当事者のなかでそれができるのは軽度障害者のうちの一部であろう。内部疾患等外見からわからない障害者であればある程度可能であるが、操作する自分自身に嫌悪感を抱き、かつ露見を恐れてさらなる操作に向かっていかざるを得ないという矛盾を孕む。ただし、身体障害者の場合多くが可視的である。肢体不自由者は車椅子や杖といった記号を持つ、あるいは不随意運動を繰り返すなど外見からそれとわかることが多い。視覚障害者の多くは盲導犬や白杖を使用している人が多いであろうし、聴覚障害の場合は一見健常者に見えても手話や筆記会話を始めたとたんに障害のあることが露見するだろう。印象を操作する機会もあまり得られないといったところではないだろうか。第三の方法〈他者の価値剥奪〉は、差別を繰り返し被った人びとでなくとも多くの人々が自覚することなく行っていることでもある。本書でも第6章のNさんのように差異化を試みることで自身の価値を補強するというケースもあったし、Mさんのように「分相応」を盾に他者の努力を無価値化する方法をとる人もいた。しかし、いずれも翻って自身の存在価値が証明されたかといえばそうではない。まして、向かう矛先が同じ障害者であれば逆説的に自己の存在価値を危うくする。4番目の〈価値の取り戻し〉は、第1章に書いた差異派あるいは、ろう文化宣言のような戦略であろう。しかし、その戦略はそれ自身が孕む矛盾、すなわち「異化＆排除に向かえば、健常者中心社会が根強く持つ障害者排除の意図は隠蔽されてしまう」という矛盾を抱え込むことになる。「統合要求をせずに自文化の構築・再評価をめざしたのでは、同化と異化とにかかわらず社会は障害者を排除するつもりであることは再び隠されてしまう」(石川、2002: 38)ことになり、健常者社会は安心して、障害文化を称揚し消費し、やがて忘却することになるからである。

　本書が描いたグラデーションのなかにいる障害者たちは、いずれも補償努力に余念がなかった。石川は「補償努力によって実現できることは、たかだか存在証明の差し引き勘定を好転させることでしかない。補償努力によって得られるのは『彼は……にしては……だ』あるいは『彼女は……

だが……だ』という形式の評価にすぎない。人は依然として自己の存在証明を脅かす負のアイデンティティを抱えたままである。(中略)補償努力は、さらなる存在証明へと人を駆り立てる」(前掲：173)と指摘する。そのとおりである。どれだけ証明しても十全な価値獲得はできない。どれだけ努力を重ねてもその努力が本物の実を得ることはない。それでも、価値を補償せずにはいられない。グラデーションのほぼ中間あたりに位置してメビウスの帯を回り続ける軽度障害者も、グラデーションの淡いにいる障害者も「十全な価値獲得はできない」と感じつつも補償努力を重ねる。自身を支えるために、尊厳は守らなくてはならないからである。

8-4 無限ループから下りる方法(「異化＆統合」をめざして)

　では、障害者はまるでトレッドミルを回るハムスターのごとく、いつまでたっても補償努力を続けて行くことしかできないのだろうか。

　補償努力を重ね、価値あるひとりであることを証明し続けても、社会は排除し続ける。さらなる同化努力を試みるのもいいだろう。しかし、同化努力の積み重ねは実を結ばず虚しく終わる可能性が高いことを当事者は知っている。逆に「異化＆排除」に向かうかといえば、その場合に起こる矛盾は上記に指摘したとおりである。

　それでは、「同化＆統合」を求めて不平等を告発し権利闘争に向かうという方向はどうだろうか。その場合には石川の言うように「スティグマ共同体が政治化するためには緊密なネットワークが必要である。スティグマ共同体はその内部に濃密な社会的紐帯を組織してはじめて、これまで存在証明に余念のなかった人びとをアイデンティティの政治に動員することができる」(前掲：180)わけだが、残念ながらこれは現在のところ望めそうにない。コンフリクトの時代の権利闘争は現時点の政治の下敷きにはならないと考えるのが現実的だろう。不充分ながら一定の権利を獲得した現在、「濃

密な社会的紐帯を組織」できる基盤は薄い。また、障害者として社会的に劣位におかれる現実は共有できても、エスニシティの問題などとは違い、地域に集合的に居住しているわけではない。インペアメントがもたらす個人の経験は、障害の種別によっても異なる。自立支援法改正要求のように応益負担への不利益が一致すれば一時的にある程度動員できる運動となり得ても、種別も超えた「障害者」というコミュニティを形成し、内部に緊密なネットワークを維持し続けることは困難である。自立支援法の改正については重度軽度を問わず、多くの障害当事者から意見が寄せられ、改正方向に進もうとしている。応益負担という当事者にとってはあまりに不当な法律に反対の声が集まったためである。それは、介助を受けなければ生活できない重度障害者のみならず、いつかそのような立場になるかもしれないという危惧を抱く軽度な障害者も、介助にあたる人々も、明らかに当事者にとって不当な法律に対峙するためであった。しかし、このような動きが常に継続するとは考えられない。現在では、一丸で闘うというような状況は少なくなっているのである。

　では「濃密な社会的紐帯を組織」できなくなっている現状において、無限と思われるループを降りる方法はないのだろうか。

　本書で見たひとつの可能性は、「異化＆統合」への地味で着実な道のりである。第6章のQさんRさんOさんがとっている態度は、これまでの闘い方とは異なる態度ではないだろうか。彼／彼女らは「同化＆排除」にいることを良しとしない。異化の状態であるがままの自身が受け入れられ、統合されることを目指す。とくに先陣を切るQさんやRさんは、未知を開拓する困難をあえて受け入れながら、障害のあるいわば異化された者であるが同等の役割を果たすのだから統合すべきであろうと言うのである。ここにいるのは一人である。緊密なネットワークにたった運動という形で迫るものでもない。自身の希望に忠実に、声高にではなく地道に統合を求め続ける。そういう一人ひとりの声に連なっていくこと、一つ一つの点を結んでいく。ひとつの点があげる声を肯定する人が増えていくこと、地道に着実に「異化＆統合」への道を歩み続けるしかないのではないだろうか。

終章　無限ループから下りる方法（「異化＆統合」をめざして）

注）
1　当時の実態については、本稿第7章でも触れた、安積（1993）や三井（2006）に詳しい。トイレの時間が決められている、食事は主食も副菜もひとつの食器のなかで混合されそこに薬を入れて口に突っ込まれるといった入所施設での実態が記録されている。「非人間的」の形容は決して誇張したものではない。
2　第3章に述べた山下の研究（2008）は、当時運動に加わった介助者としての学生たちを追っている点でも興味深い。
3　5年に一度、全国から無作為に抽出された調査地区において行われる在宅障害児・者を調査客体とした実態調査である。
4　データは全部介助と一部介助という区別しかなされておらず、特に一部介助が実際にどの程度の介助であるのかわからない点も残る。しかし、介助が必要な場合でも物理的ディスアビリティや文化・情報的ディスアビリティは下げることができることは本書にみたとおりである。
5　ざっと228.5万人となる。
6　東京都稲城市と静岡県富士市で行われた『障害者生活実態調査』をまとめたもので、身体のみならず知的、精神障害も含んでいる。ここには日本独特の福祉的就労という名の低賃金による所得が含まれている。
7　存在証明において石川の基底にあるのはゴッフマンであり、本書もスティグマ概念等多くをゴッフマンに拠っている。

あとがき

　2004年春、こわごわ、けれど興奮を隠し切れずに、大学院なる未知の世界の門をくぐった日のことは一生忘れないでしょう。人生の半分以上を過ぎて、再び学ぶことができようとは夢にも思いませんでした。30数年前に大学を卒業して社会にでて、改めて障害のある女性として生きていくことの困難を思い知らされるなかで、この生きづらさは何なのだろうかと考え続けてきました。考えあぐね模索して、フェミニズム関連の本や、セクシュアル・マイノリティの人々が著した本などを手に取りながら、わたしの生きづらさもまた社会システムが産んでいるのかもしれないと気づくようになりました。そんなときに障害学なる学問に出会い、その魅力的な学問に共感する人々と出会い、仲間の一人として迎えてもらった。それに勇気を得て研究の道に進むことを決心しました。あの春の日、これでやっと長年悩まされてきた疑問が解ける、わたし自身の障害に向けられる"まなざし"との格闘から解放される鍵をつかむことができると確信していたものです。

　あれから8年、研究のひとつの区切りとして本書を刊行できることとなりました。本書は2010年3月、大阪市立大学大学院文学研究科から学位授与された博士学位論文『ディスアビリティを可視化する』をもとに加筆修正したものです。書き上げて、これから取り組まねばならない課題も多々見えてきます。今は、むしろここが始まりなのだと痛感しております。

　この本ができあがるまでに、さまざまな方々にご指導ならびにご協力をいただきました。研究を支えてくださった多くの方々に改めて感謝いたします。研究を進める方法として生活史調査を選び、たくさんの障害をもつ方々にお話を聞きました。無遠慮にマイクを向ける拙いインタビュアーであるわたしに、研究の趣旨には共感できるからという理由で応えてくださ

った皆様、個々のお名前を挙げることは控えさせていただきますが、研究を始めたからこそ出会えた人たち、障害をもちこの社会で日々格闘している皆様に、心から感謝いたします。触れられたくない質問も多かったかと思いますが、率直に真摯に応えていただきました。皆様のご協力がなければ、この研究は成り立ちませんでした。ありがとうございました。そして、共にこの社会に生きる障害ある一人として、皆様のこれからにエールを送ります。

指導教官である谷富夫先生には、社会学の理論や、方法など、基礎基本から教えていただきました。熱意だけはあるものの、社会学的な知の素地など何もなく、たびたび迷路に迷い込んでしまう学生を丁寧に根気よくご指導いただきました。社会学との最初の出会いの場に谷先生がいてくださったことは、わたしの幸運でした。ありがとうございました。

大阪市立大学社会学研究室の先生方、院生の皆様方にも大変お世話になりました。ここで多くの社会学研究の先達や仲間に出会えたことは、わたしの一生の財産となります。また、わたしを研究に導いてくれた障害学の研究仲間と先達にも、お礼申し上げます。大阪市立大学社会学研究室という場と障害学の研究の先達仲間との議論の蓄積がなかったら、わたしの研究は一歩も進まなかったことでしょう。ありがとうございました。

最後に父と母に。まず、元気でいてくださってありがとうございます。ずいぶん遅くから再び勉強を始めた娘を、温かく見守り、支えてくださいました。本書を書き上げることが、いくらかでもおふたりに報いることになれば嬉しいことです。ほんとうに、ありがとうございました。

2012年10月

秋風千惠

【参考文献】

秋風千惠，2006,「晴眼者か盲人か——『どっちつかず』を生きる」広島部落解放研究所編『部落解放研究』第13号，17-31.
─────，2008,「軽度障害者の意味世界」社会学研究会『ソシオロジ』第52巻3号，53-69.
─────，2011,「称揚される物語と〈自分らしさ〉の陥穽」社会理論・動態研究所『理論と動態』第4号，96-110.
秋山なみ・亀井伸孝，2004,『手話でいこう』ミネルヴァ書房.
Andersen, Gesta Esping, 1999, *The Three World of Welfare Capitalism,* Baisil Blackwell Limited in Oxford. (＝2001，岡沢憲芙・宮本太郎訳『福祉資本主義の三つの世界——比較福祉国家の理論と動態』ミネルヴァ書房).
蘭由岐子，2004,『「病いの経験」を聞き取る——ハンセン病者のライフヒストリー』皓星社.
雨宮処凛，2007,『生きさせろ！——難民化する若者たち』太田出版.
安積純子・岡原正幸・尾中文哉・立岩真也著編，1990,『生の技法』藤原書店.
安積遊歩，1993,『癒しのセクシー・トリップ——わたしは車イスの私が好き』太郎次郎社.
─────，1999,『車イスからの宣戦布告——わたしがしあわせであるために、わたしは政治的になる』太郎次郎社.
Barns, Colin, Geffrey Mercer & Thomas Shakespeare, 1999, *Exploring Disability: A Sciological Introduction.* (＝2004，杉野昭博・松波めぐみ・山下幸子訳『ディスアビリティ・スタディーズ——イギリス障害学概論』明石書店).
Barton, L. & M. Oliver, 1997, 'Birth of Disability Studies' *Disability Studies: Past Present and Future,* ix-xiv.
Becker, Howard S., 1963, *Outsiders,* Free P, US. (＝1978，村上直之訳『アウトサイダーズ』新泉社).
Bertaux, Daniel, 1997, *Les récits de vie: perspective ethnosociologique,* Paris: Nathan Université. (＝2003，小林多寿子訳『ライフストーリー——エスノ社会学的パースペクティブ』ミネルヴァ書房).
Blumer, Herbert, 1969, *SymbolicInteractionism: Perspective and Method,* Prentice-Hall. (＝1991，後藤将之訳『シンボリック相互作用論——パースペクティブと方法』勁草書房).
(社)部落解放・人権研究所編，2005,『排除される若者たち——フリーターと不平等の再生産』解放出版.
Crow, Liz, 1996, "Including All of Our Lives: Rnewing the social model of disability."

Jenny Morris ed. *Encounteres with Strangers: Feminism and Disability,* London The Women's Press, 206-226.
土井隆義，2004,『「個性」を煽られる子どもたち』岩波ブックレット No. 633.
―――，2008,『友だち地獄――「空気を読む」世代のサバイバル』ちくま新書.
江原由美子，1985,『女性解放という思想』勁草書房.
―――，2001,『ジェンダー秩序』勁草書房.
Foucault, Michel, 1975, *Surveiller et punir: Naissance de la prison,* Gallimard.（= 1977，田村俶訳『監獄の誕生』新潮社）.
―――, 1976, *La Volonté de Savoir: Histoire de la Sexualité Volume 1* (= 1986, 渡辺守章『知への意志 性の歴史 I』新潮社）.
船津衛，1976,『シンボリック相互作用論』恒星社厚生閣.
Garfinkel, H., 1967, *Studies and Ethnomethodology,* Cliffs: Pretice-Hall. (= 1987, 山田富秋・好井裕明・山崎敬一『エスノメソドロジー――社会学的思考の解体』せりか書房).
外国人無年金支給決定市町村リスト
　　http://www.geocities.jp/bluej/gaikokujinmunenkin.html#　　2010.11.20
Goffman, Erving, 1961, *Asylum: Essays on the Social Situation of Mental Patients and Other Inmaters,* Doubleday. (= 1984, 石黒毅訳『アサイラム――施設被収容者の日常世界』).
―――, 1963, *Stigma: Note on the Management of Spoiled Identity,* Prentice-Hall. (= 2001, 石黒毅訳『スティグマの社会学』せりか書房).
―――, 1967, *Interaction Ritual: Essays on Face-to-Face Behavior.* (= 2002, 浅野敏夫訳『儀礼としての相互行為――対面行動の社会学』法政大学出版局).
―――, 1974, *Frame Analysis: An Essay on the Organization of Experience,* Northeastern University Press, Boston.
後藤吉彦，2006,「身体の社会学の可能性――人間の「傷つきやすさ」に根ざした理論の構築」『ソシオロジ』50巻3号，93-108.
―――，2007,『身体の社会学のブレークスルー――差異の政治から普遍性の政治へ』生活書院.
―――, 2008, Cultural Commentary: Critical Understanding of the Special Support Education in Social Contexts, *Disability Studies Quarterly,* 28(3).
―――，2010,「ラッパーたちのフリーク・ショー――その身体は、何を物語っているか」倉本智明編『手招くフリーク』生活書院，158-188.
現代思想，1998.2月,「特集身体障害者」青土社.
長谷川憲，2000,「イギリスの精神障害者施策の現状」『ノーマライゼーション

参考文献

障害者の福祉』2000年7月号(第20巻 通巻228号)日本障害者リハビリテーション協会.
濱田朝美,2009,『日本一ヘタな歌手——亡き母との約束を胸に、命尽きるまで紅白を目指す』光文社.
Hochschild, A. R., 1983, *The Managed Heart: Commercialization of Human Feeling*, Berkeley: University of California Press (= 2000, 石川准・室伏亜希訳『管理される心——感情が商品になるとき』世界思想社).
星加良司,2002,「「障害」の意味付と障害者のアイデンティティ——「障害」の否定・肯定をめぐって」『ソシオロゴス』No.25, 160-175.
————,2007,『障害とは何か——ディスアビリティの社会理論に向けて』生活書院.
芳賀優子,1999,『弱視ＯＬ奮戦記——私、まっすぐ歩いています。』都市文化社.
市野川容孝,1999,「優生思想の系譜」石川准・長瀬修編『障害学への招待——社会、文化、ディスアビリティ』明石書店, 127-157.
石井政之,1999,『顔面漂流記』かもがわ出版.
井上俊・上野千鶴子・大澤真幸・見田宗介・吉見俊哉編,1996,『岩波講座現代の社会学15 差別と共生の社会学』岩波書店.
石川准,1985,「逸脱の政治——スティグマを貼られた人々のアイデンティティ管理」『思想』736: 107-126.
————,1992,『アイデンティティ・ゲーム——存在証明の社会学』新評論.
————,1996,「アイデンティティの政治」井上俊・上野千鶴子・大澤真幸・見田宗介・吉見俊哉『岩波講座現代の社会学15 差別と共生の社会学』岩波書店,171-185.
————,1999a,『人はなぜ認められたいのか——アイデンティティ依存の社会学』旬報社.
————,1999b,「障害、テクノロジー、アイデンティティ」石川准・長瀬修編『障害学への招待——社会、文化、ディスアビリティ』明石書店, 41-77.
————,2000,「平等派でもなく差異派でもなく」倉本智明・長瀬修編『障害学を語る』エンパワメント研究所, 28-42.
————,2001,「マイノリティの言語戦略とポスト・アイデンティティ・ポリティクス」梶田孝道編著『国際化とアイデンティティ』ミネルヴァ書房,153-181.
————,2002,「ディスアビリティの削減、インペアメントの変換」石川准・倉本智明編,『障害学の主張』明石書店, 17-46.
————,2004,『見えないものと見えるもの』医学書院.
石川准・長瀬修編,1999,『障害学への招待——社会、文化、ディスアビリティ』

明石書店.
石川准・倉本智明編，2002,『障害学の主張』明石書店.
李清美，2009,『私はマイノリティ あなたは？——難病をもつ「在日」自立「障害」者』現代書院.
伊藤智佳子，2004,『女性障害者とジェンダー』一橋出版.
犬と人の新ライフスタイル情報ウェブマガジン
  http://www.onewave.jp/sparticle/43.php 2010.11.20
入部香代子，1988,『はりきりオヤブンの車椅子繁盛記』ブレーンセンター.
角岡伸彦，2010,『カニは横に歩く——自立障害者たちの半世紀』講談社.
刈谷剛彦，2001,『階層化日本と教育危機』有信堂高文社.
川口有美子，2009,『逝かない身体——ALS的日常を生きる』医学書院.
キース・ヴィンセント／風間孝／河口和也，1997,『ゲイ・スタディーズ』青土社.
金満里，1996,『生きることのはじまり』筑摩書房.
木村晴美・市田泰弘，1995「ろう文化宣言」『現代思想』青土社，第23巻3号，354-62.
木村晴美，2000,「ろう文化とろう者コミュニティ」倉本智明・長瀬修編『障害学を語る』エンパワメント研究所，120-152.
軽度障害ネットワーク
  http://www3.kcn.ne.jp/~ottotto-/md/index.html 2010.10.30
北島行徳，1997,『無敵のハンディキャップ——障害者が「プロレスラー」になった日』文藝春秋.
児玉真美，1998,『私は私らしい障害児の親でいい』ぶどう社.
———　2002,『海のいる風景——障害のある子と親の座標』三輪書店.
熊谷晋一郎，2009,『リハビリの夜』医学書院.
倉石一郎，2007,『差別と日常の経験社会学——解読する〈私〉の研究誌』生活書院.
倉本智明，1997,「未完の〈障害者文化〉——横塚晃一の思想と身体」『社会問題研究』第47巻1号，67-86.
———，1998,「盲人男性は「美人」に欲情するか？——晴眼社会を生きる盲人男性のセクシュアリティ」『視覚障害リハビリテーション』48号，日本ライトハウス，69-76.
———，1999,「異形のパラドックス——青い芝・ドッグレッグス・劇団態変」石川准・長瀬修編『障害学への招待——社会、文化、ディスアビリティ』明石書店，219-255.
———，2000,「あとがき」倉本智明・長瀬修編著『障害学を語る』エンパワメント研究所，183-186.
———，2002a,「身体というジレンマ」好井裕明・山田富秋編『実践のフィー

ルドワーク』せりか書房，189-205.
―――，2002b,「欲望する、〈男〉になる」石川准・倉本智明編『障害学の主張』明石書店，119-144.
―――，2005,「性的弱者論」倉本智明編著『セクシュアリティの障害学』明石書店，9-39.
倉本智明・石川准編，2000,『障害学を語る』エンパワメント研究所．
倉本智明編，2005,『セクシュアリティの障害学』明石書店．
草柳千早，2004,『「曖昧な生きづらさ」と社会』世界思想社．
厚生労働省社会・援護局障害保健福祉部企画課，2008,『平成18年度身体障害児・者実態調査結果』．
厚生労働省障害者自立支援法について（資料簡略版）
　　http://www.mhlw.go.jp/bunya/shougaihoken/jiritsushienhou01/　2010.10.30
厚生労働省職業安定局（平成22年 障害者雇用状況の集計結果）
　　http://www.mhlw.go.jp/stf/houdou/2r9852000000v2v6-img/2r9852000000v2wn.pdf　2010.10.30
交通事故判例百選，1999,『別冊ジュリスト152』．
前田拓也，2005,「パンツ一枚の攻防――介助現場における身体距離とセクシュアリティ」倉本智明編『セクシュアリティの障害学』明石書店，160-200.
―――，2006a,「アチラとコチラのグラデーション――障害者介助の技術と介助者の日常」三浦耕吉郎編『構造的差別のソシオグラフィー――社会を書く／差別を解く』世界思想社，63-99.
―――，2006b,「介助者のリアリティへ――障害者の自己決定／介入する他者」『社会学評論』57巻3号，456-475.
―――，2009,『介助現場の社会学――身体障害者の自立生活と介助者のリアリティ』生活書院．
三村洋明，2010,『反障害原論――障害問題のパラダイム転換のために』生活書院．
見田宗介，1979,「まなざしの地獄」『現代社会の社会意識』弘文堂．
三井絹子，2006,『抵抗の証――私は人形じゃない』千書房．
三井さよ，2004,『ケアの社会学――臨床現場との対話』勁草書房．
文部科学省，2006,『特別支援教育資料』．
Morris, J., 1991, *Pride Against Prejudice:Transforming Attitudes to Disability,* London: The Women's Press.
Morris, J. ed., 1996, *Encounters with Strangers: Feminism and Disability,* The Women's Press.
Murphy, Robert F., 1987, *The Body Silent,* Henry Holt and Company.（＝1997, 辻

信一『ボディ・サイレント』新宿書房）.
内閣府大臣官房政府広報室「男女共同参画社会に対する世論調査」平成16年.
　　　http://www8.cao.go.jp/survey/h16/h16-danjo/index.html　2010.11.20
内閣府共生社会政策担当, 2006,『平成17年度版障害者白書』.
内閣府政策統括官（共生社会政策担当）付障害者施策担当「障害を理由とする差別等に関する意識調査」平成21年
　　　http://www8.cao.go.jp/shougai/suishin/tyosa/h21ishiki/pdf/kekka.pdf
　　　2010.11.20
長瀬修, 1999,「障害学に向けて」石川准・長瀬修編『障害学への招待——社会、文化、ディスアビリティ』明石書店, 11-39.
———, 1994, 季刊『福祉労働』No.65, 現代書館.
中島隆信, 2005,『障害者の経済学』東洋経済新報社.
中根成寿, 2005,「障害者家族の父親とジェンダー——障害者家族の父親の語りから」『障害学研究1』明石書店, 158-188.
———, 2006,『知的障害者家族の臨床社会学——社会と家族でケアを分有するために』明石書店.
生瀬克己, 1999,『日本の障害者の歴史——近世篇』明石書店.
二階堂裕子, 2007,『民族関係と地域福祉の都市社会学』世界思想社.
ニキ・リンコ, 1999a,「軽度障害と障害の証明義務」
　　　(http://homepage3.nifty.com/unifedaut/shoumei.htm　2010.11.10)
———, 1999b,「スウィートスポットの狭い人生」
　　　(http://homepage3.nifty.com/unifedaut/sweetspot.htm　2010.11.10)
———, 2002,「所属変更あるいは汚名返上としての中途診断—人がラベルを求めるとき」石川准・倉本智明編,『障害学の主張』明石書店, 175-222.
西倉実季, 2009,『顔にあざのある女性たち——「問題経験の語り」の社会学』生活書院.
西田芳正, 1996,「不平等の再生産と教師——教師文化における差別性をめぐって」八木正編『被差別世界と社会学』明石書店, 237-258.
———, 2002,「第6章エスニシティ〈顕在—潜在〉のメカニズム」谷富夫編『民族関係における結合と分離』ミネルヴァ書房, 512-540.
岡原正幸, 1998,『ホモ・アフェクトス——感情社会学的に自己表現する』世界思想社.
岡部耕典, 2006,『障害者自立支援法とケアの自律——パーソナルアシスタンスとダイレクトペイメント』明石書店.
奥村隆, 1998,『他者といる技法——コミュニケーションの社会学』日本評論社.
Oliver, M., 1990, *The Politics of Disablement,* Macmillan Publishers.（＝2006, 三島

亜紀子・山岸倫子・山森亮・横須賀俊司訳『障害の政治——イギリス障害学の原点』明石書店).
大阪府「大阪の学校統計卒業後の状況調査（5特別支援学校)」
　　　http://www.pref.osaka.jp/toukei/gakkou_k/gakkou_k-kekka25.html
　　　2010.11.20
太田啓子，2008,「社会参加における『軽度』身体障害者の特性に関する研究——人生を送る中で『獲得したもの』に焦点をあてて」日本社会福祉学会『社会福祉学』第49巻3号，29-40.
小山内美智子，1988,『車椅子からウィンク——脳性マヒのママがつづる愛と性』ネスコ.
Plummer, Ken, 1995, *Telling Sexual Stories: Power, Change and Social Worlds,* Routledge (= 1998, 桜井厚・好井裕明・小林多寿子『セクシュアル・ストーリーの時代——語りのポリティクス』).
Preston, Paul, 1994, *Mother Father Deaf:Living between Sound and Silence,* Harvard University Press. (= 2003, 澁谷智子・井上朝夕訳『聞こえない親をもつ聞こえる子どもたち』現代書館).
桜井厚，2002,『インタビューの社会学』せりか書房.
桜井厚編，2003,『ライフストーリーとジェンダー』せりか書房.
佐藤貴宣，2010,「〈進路問題〉をめぐる教育経験のリアリティ——盲学校教師のライフヒストリーを手がかりに」日本解放社会学会『解放社会学研究』23号，31-48.
佐藤久夫，1992,『障害構造論入門』青木書店.
Scot, R. A., 1969, *The Making of Blind Men:A Study of Adult Socialization,* Russell Sage Foundation. (= 1992, 三橋修・金治憲訳『盲人はつくられる——大人の社会化の一研究』東信社).
杉野昭博，2000,「リハビリテーション再考——『障害の社会モデル』とＩＣＨＤＨ-2」『社会政策研究』明石書店，140-161.
──────, 2002,「インペアメントを語る契機」石川准・倉本智明編『障害学の主張』明石書店，251-280.
──────, 2004,「まえがき」, Barns, Colin Mercer,Geffrey & Shakespeare, Thomas (1999=2004), 3-10.
──────, 2007,『障害学——理論形成と射程』東京大学出版会.
障害者白書概要（平成12年度）
　　　http://www8.cao.go.jp/shougai/whitepaper/gaikyou-h12/1-1.html
　　　2010.11.20
白鳥めぐみ・本間尚史・諏訪智広，2010,『きょうだい——障害のある家族との

道のり』中央法規出版.
田中恵美子，2009,『障害者の「自立生活」と生活の資源——多様で個別なその世界』生活書院.
田島明子，2009,『障害受容再考——「障害受容」から「障害との自由」へ』三輪書店.
田垣正晋，2002,「「軽度」障害者という「どっちつかず」のつらさ」『部落解放』501，解放出版社，100-103.
─────，2006,「序章　脱援助と耐えざる言い換えの努力」「第二章　軽度障害というどっちつかずのつらさ」田垣正晋編『障害・病と「ふつう」のはざまで』明石書店，12-23, 52-71.
田垣正晋編，2006,『障害・病と「ふつう」のはざまで』明石書店.
竹中均，2008,『自閉症の社会学——もう一つのコミュニケーション論』世界思想社.
田中耕一郎，2005,『障害者運動と価値形成——日英の比較から』現代書院.
立岩真也，1997,『私的所有論』勁草書房.
─────，2000,『弱くある自由へ——自己決定・介護・生死の技術』青土社.
─────，2004,『自由の平等』岩波書店.
谷富夫，2002a,「エスニシティ研究と世代間生活史調査」関西社会学会編『フォーラム現代社会学1』世界思想社，70-80.
─────，2002b,「民族関係の可能性」谷富夫編著『民族関係における結合と分離』ミネルヴァ書房，715-722.
─────，2005,「社会学教育のなかの質的方法」西日本社会学会編『西日本社会学会年報』第3号，15-27.
─────，2008,「ライフヒストリーの可能性」谷富夫編『新版ライフヒストリーを学ぶ人のために』世界思想社，20-38.
寺本晃久・岡部耕典・末永弘・岩橋誠治編著，2008,『良い支援？——知的障害/自閉のひとたちの自立生活と支援』生活書院.
土屋葉，2002,『障害者家族を生きる』勁草書房.
─────，2003,「〈障害をもつ子どもの父親〉であること——母親が語る/子どもが語る/父親が語る」桜井厚編『ライフストーリーとジェンダー』せりか書房.
上野千鶴子，1996,「複合差別」井上俊・上野千鶴子・大澤真幸・見田宗介・吉見俊哉『岩波講座現代の社会学15　差別と共生の社会学』岩波書店，203-232.
─────，1998,『発情装置——エロスのシナリオ』筑摩書房.
─────・中西正司，2003,『当事者主権』岩波書店.

上野千鶴子編，2001,『構築主義とは何か』勁草書房.
Union of the Physically Impaired Against Segregation, 1976, *Fundamental Principles of Disability,* UPIAS.
臼井久実子編著，2001,『Q＆A障害者の欠格条項―撤廃と社会参加拡大のために』明石書店.
渡辺一史，2003,『こんな夜更けにバナナかよ――筋ジス・鹿野靖明とボランティアたち』北海道新聞社.
Willis, Paul E., 1977, *Learnig To Labour: How Working Class Kids Get Working Class Jobs,* Ashgate Publishig. (＝1985, 山田潤訳『ハマータウンの野郎ども』筑摩書房).
山森亨，2009,『ベーシック・インカム入門無条件給付の基本所得を考える』光文社新書.
安岡愛理・佐藤貴宣・青木千帆子・松原崇・秋風千恵，2009,「障害学の動向――"Disability & Society"を手がかりに」大阪大学大学院人間科学研究科『年報人間科学』第30号，33-53.
山口利勝，2003,『中途失聴者と難聴者の世界』一橋出版.
山下恒男，1977,『反発達論』現代書館.
山下幸子，2005,「障害者と健常者、その関係性をめぐる模索――1970年代の障害者／健全者運動の軌跡から」『障害学研究1』明石書店，213-238.
――――，2008,『「健常」であることを見つめる――1970年代障害当事者／健全者運動から』生活書院.
横須賀俊司，2006,「『セックスボランティア』を読んで安心した人たちへ――障害者に対するセックスケアの困難」三浦耕吉郎編『構造的差別のソシオグラフィ――社会を書く／差別を解く』世界思想社，40-62.
横田弘，2004,『否定されるいのちからの問い――脳性マヒ者として生きて』.
横塚晃一，2007,『母よ！　殺すな』生活書院 (1975,『母よ！　殺すな』すずさわ書店を改編).
米本昌平・松原洋子・橳島次郎・市野川容孝，2000,『優生学と人間社会』講談社現代新書.
好井裕明・山田富秋編，2002,『実践のフィールドワーク』せりか書房.
要田洋江，1999,『障害者差別の社会学』岩波書店.
全国自立センター協議会
　　http://www.j-il.jp/index.html　2010.11.20
全国自立生活センター協議会編，2001,『自立生活運動と障害文化』現代書館.

索引（人名・事項）

ア行

アイデンティティ　　7, 21, 22, 26, 48, 55, 56, 59, 62, 63, 70, 75, 80, 95, 169, 171
アイデンティティ・ゲーム　　11, 75, 77, 84
青い芝（の会）　　16, 150, 152
アファーマティブアクション　　77

異化＆統合　　25, 26, 113, 163-167, 172
生きづらさ　　43, 50, 58, 59, 60, 69, 87, 99, 103
異形　　43, 44, 45, 46
意識上の障壁　　32, 38, 39
インクルーシブ教育　　35
インクルージョン　　36
印象操作　　48, 100, 169
インペアメント（損傷）　　10, 13.14.15, 17, 18, 19, 20, 21, 22, 29, 30, 31, 37, 41, 43, 44, 55, 58, 65, 105, 106, 146148, 153, 163164, 165, 166, 167, 168, 168, 172

エスニシティ　　21, 22, 30, 32, 37, 38, 39, 71, 109, 168, 172

カ行

ゴッフマン、E・　　48

介助　　84, 88, 89, 96, 146, 152, 165, 166
介助者　　41, 42, 80, 83, 160
カウンターストーリー　　158, 159, 49, 153, 156

教育年数　　32, 34, 168

グラデーション　　8, 10, 11, 47, 50, 105, 106, 164, 166, 167, 170, 171

軽度障害　　40, 68, 87
軽度障害者　　7, 8, 11, 22, 30, 44, 47, 50, 51, 55-71, 59, 60, 61, 62, 63, 67, 68, 69, 70, 71, 103, 104, 105, 150, 151, 171 58
健常者　　26, 41, 42, 43, 61, 62, 63, 64, 66, 68, 69, 70, 71, 93, 97, 99, 100, 103, 104, 115, 126, 150, 153, 164

186

索　引

個人的悲劇　　14, 59, 63
個人的悲劇論　　19, 21
個人モデル　　16, 19, 20, 21, 29, 30, 59, 65, 76
コスト　　63, 64, 65, 66, 68
雇用率　　116, 167

サ行

ジェンダー　　21, 30, 32, 38, 39, 43, 55, 71, 151, 164, 168
自分らしさ　　155, 156, 157
社会モデル　　15, 16, 17, 19, 20, 21, 30, 40, 44, 55, 65, 71, 164, 168
重度障害　　39, 42, 56, 58
重度障害者　　7, 8, 22, 30, 42, 56, 60, 62, 71, 102, 103, 146, 149, 150, 151, 152, 153, 154, 159, 163, 164, 167, 168, 169
障害学　　16, 23, 24, 40, 44, 164
障害者運動　　140, 149, 150, 151, 153, 157, 163
障害者欠格条項　　34, 35, 109, 127
障害者雇用　　115
障害者雇用率　　77
障害者自立支援法　　33, 34
自立支援法　　147
障害者枠　　115, 119, 120
障害等級　　77, 78, 154
障害の個人モデル　　17
障害の社会モデル　　17
障害のヒエラルキー　　56, 56, 57, 58, 59, 99
障害文化　　23
障害見取り図　　10, 29, 168
証明義務　　68
自立　　115, 124, 126, 159, 147, 151, 152
自立支援法　　168, 172
自立生活　　102, 103, 151, 153, 155
自立生活運動　　151, 152
『自立生活運動と障害文化』　　150, 152
自立生活センター　　151, 153, 154, 155, 158, 159, 160
身体障害者手帳　　75, 76, 77, 78, 79, 80, 81, 82, 83, 84, 95, 96, 97, 100, 119
シンボリック相互作用論　　9, 46, 47, 49

187

スティグマ　　46, 48, 58, 75, 89, 91, 103, 142, 171
スティグマシンボル　　80, 81

生活史　　50, 87, 105
生活史調査　　49, 50, 164
生活史法　　50
制度的障壁　　32, 33, 37, 109, 168
セクシュアリティ　　15, 21
全国自立生活センター　　159
相互作用　　47, 56

タ行
地域間格差　　32, 37, 168

ディスアビリティ　　10, 11, 17, 18, 19, 20, 21, 22, 29, 30, 31, 32, 33, 37, 38, 39, 40, 41, 43, 44, 65, 105, 106, 108, 109, 110, 141, 142, 146, 147, 148, 153, 163, 164, 168, 169
ディスアビリティ・スタディーズ　　16
ディスエイブリング　　15, 24

同化＆排除　　24, 113, 118, 123, 126, 137, 141, 142, 172
特別支援学校　　35, 36, 62
どっちつかず　　87-104, 151

ナ行
人間関係の函数　　160, 157
ノーバディ(nobody)　　43, 26, 41, 42

ハ行
ブルーマー、H・　　46, 47, 49
ベッカー、H・S・　　48, 50, 92
ベルトー、D・　　51

配慮　　64, 65, 67

188

索　引

パターナリスティック　149, 158
パターナリズム　16, 40, 115, 169
『母よ！ 殺すな』(横塚晃一)　39, 150

普通校　36, 60, 61, 110, 119, 128
物理的障壁　32, 33, 108
文化・情報面の障壁　32, 37
分離教育　35

補償努力　60, 62, 69, 112, 123, 124, 169, 170

マ行
マーフィー、ロバート・F・　40, 56, 59, 61, 149

マスター・ナラティブ　145, 146, 152, 153, 159

無年金障害者　37, 109
無力化 (disabled)　8, 15, 20, 41

メビウスの帯　10, 69, 71, 171

盲学校　35, 64, 95, 96, 97, 99, 100, 110, 111, 112, 121, 114, 119, 122, 128, 129
モデル・ストーリー　145, 146, 152, 156, 159

ヤ行
優生学　101
優生思想　101, 102

ラ行
ライフ・ヒストリー　50
ラベリング理論　48

ろう文化　170
ろう文化宣言　22, 23

189

著者略歴
秋風　千惠（あきかぜ　ちえ）
2009年大阪市立大学大学院後期博士課程修了
博士（文学）
現在　大阪市立大学都市文化研究センター　ドクター研究員
　　　国立病院機構米子医療センター附属看護学校、松江高等看護学院等非常勤講師

質的社会研究シリーズ6
軽度障害の社会学
――「異化＆統合」をめざして――
けいどしょうがいのしゃかいがく
いか　あんど　とうごうをめざして

定価はカバーに表示
2013年3月3日　第1刷発行

©著　者　秋　風　千　惠
発行者　小　林　達　也
発行所　ハーベスト社
〒188-0013　東京都西東京市向台町2-11-5
電話　042-467-6441
Fax　042-467-8661
振替　00170-6-68127
http://www.harvest-sha.co.jp

印刷・製本：㈱平河工業社

本書の内容を無断で複写・複製・転訳載することは、著作者および出版者の権利を侵害することがございます。その場合には、あらかじめ小社に許諾を求めてください。
視覚障害などで活字のまま本書を活用できない人のために、非営利の場合にのみ「録音図書」「点字図書」「拡大複写」などの製作を認めます。その場合には、小社までご連絡ください。

落丁・乱丁本はお取りかえいたします。　Printed in Japan
ISBN978-4-86339-040-9 C3036